Roger ALLÈNE

VÉRITÉ HISTORIQUE

« *A nos Morts* »
« *Aux anciens combattants* »
Mus agitat montem

Le Mystère
de la Défense de Reims
Ce qui s'est passé...

(27 Mai au 2 Juin 1918)

Deux plans directeurs en hors texte

PRIX : **5 francs**

ALENÇON
IMPRIMERIE CORBIÈRE & JUGAIN
11, RUE DE LA HALLE-AUX-TOILES

1924

Le Mystère de la Défense de Reims

Roger ALLÈNE

VÉRITÉ HISTORIQUE

« A nos Morts »
« Aux anciens combattants »
Mus agitat montem

Le Mystère
de la Défense de Reims

Ce qui s'est passé...

(27 Mai au 2 Juin 1918)

Deux plans directeurs en hors texte

ALENÇON

IMPRIMERIE CORBIÈRE & JUGAIN

11, RUE DE LA HALLE-AUX-TOILES

1924

AVANT-PROPOS

Dès juin 1919, à l'aurore de la paix, j'avais fait le projet de retracer l'histoire de la bataille de Reims, mais, à la suite d'une lettre de l'un des vaillants artisans de la magnifique défense de la ville, me demandant de ne pas parler de l'ordre de repli qui avait été prévu et même ordonné, de notre ligne de bataille, je me résignais alors à abandonner ce projet, pensant qu'un jour un historien qualifié s'en chargerait.

En effet, M. Galli, député de Paris, et ancien rapporteur de la Commission parlementaire de l'Armée, publiait l'ouvrage si impatiemment attendu des défenseurs de Reims. Ce fut, je dois le confesser, une certaine désillusion quant à la vérité historique.

'Avant d'entamer les premières lignes de ce travail, je déplore que la mort prématurée du député de Paris, patriote ardent, soit venue enlever à l'auteur de ces lignes la possibilité de rechercher avec lui la lumière sur certain point troublant que j'ai relevé dans « La Défense et la Victoire de Reims ».

En pleine guerre et en pleine crise, un intérêt

national s'attachait sûrement à la question que je vais traiter.

Aujourd'hui, avec le recul du temps et le tassement des esprits, un autre intérêt s'y attache également. Que penseraient alors tous ces hommes qui ont généreusement donné leur sang au pays, qui, sachant la vérité, comprenaient parfaitement bien qu'elle fût cachée à l'époque pour de hautes considérations d'ordre politique et national, qu'après la guerre il en fût de même ?

La défense de Reims et sa victoire font partie du patrimoine de chaque défenseur et vainqueur.

L'attribution faite à l'armée noire d'avoir sauvé Reims, est une erreur. Certes, nos camarades coloniaux ont été engagés dans la bataille et s'y sont conduits héroïquement.

Les défenseurs de Reims, Bretons, Limousins, de la 134ᵉ Division, ne réclament rien, ils veulent seulement la manifestation de la vérité.

TITRE PREMIER

Avant la Bataille

Le livre de M. Galli, député de Paris et rapporteur de la Commission parlementaire de l'Armée en 1918, traitant de la bataille du Chemin des Dames, à l'est de Reims, livrée le 27 mai 1918 par les Allemands, nous donne une idée très exacte des opérations offensives de l'ennemi sur ce vaste front.

Largement documenté par l'Etat-Major du 1er Corps d'Armée Coloniale, il nous met en présence des événements poignants qui, à ce moment, pouvaient nous jeter dans l'abîme.

L'objet de mon ouvrage sera précisément de dire, en effet, toutes les causes qui firent que Reims fut sauvé, par qui et comment.

Dès la fin de 1917 et commencement de l'année 1918, l'Etat-Major français se fait la religion d'une forte attaque probable de l'ennemi contre le secteur de Reims.

M. Galli écrit que les généraux Franchet d'Espérey, Micheler, et, plus tard, le général Buat, ont fait part, devant la Commission parlementaire de l'Armée de leurs préoccupations relativement à une attaque sur ce point. La question fut évidemment posée, à savoir que si en présence de l'extrême péril, il ne conviendrait pas d'évacuer Reims, de réduire les fronts et de concontrer nos troupes. *D'après Galli, seul le général Gouraud ne sembla pas abonder en ce sens, puisqu'il en prévoyait d'amères conséquences : la perte de Verdun et de nos lignes jusqu'à Nancy.*

Malheureusement, l'opinion de ce dernier n'avait pas prévalu, comme on le verra par la suite, malgré tant de clairvoyance.

Il est évident que le G. Q. G. était informé et qu'il était en possession de sérieux indices sur les velléités offensives des Allemands pour l'année 1918.

Le grand Conseil de Guerre, qui avait à débattre à l'époque du sort de la future bataille, se trouvait en présence d'une situation inquiétante, à savoir à quel point l'ennemi porterait son gros coup sur notre front.

L'armée française ne faisait que se remettre des convulsions de 1917 ; les Américains ne faisaient qu'apparaître, de sorte que le G. Q. G. ne disposait que de masses de manœuvre plutôt restreintes, surtout si l'ennemi portait son effort sur plusieurs points, d'autant plus que, par suite de la défection russe, les Allemands disposaient de grosses réserves. Fort heureusement, le président Clemenceau, Ministre de la Guerre,

était là avec Foch et Pétain, tous trois anima-
teurs merveilleux de la confiance.

Les événements présentés chronologiquement
ici jetteront un jour nouveau sur leur tournure
exacte et rendront à chacun sa part de gloire et
détermineront les justes responsabilités.

*
* *

En janvier 1918, en arrière du front de Reims,
il n'existe pour ainsi dire aucune position de
repli.

Le général Nudant, commandant le 34ᵉ Corps
d'Armée, fait alors organiser les positions
arrières de son secteur. Il y emploie toutes les
troupes en réserve. De dûrs travaux sont effec-
tués de jour et de nuit par les troupes du C. A.,
et même des bataillons de marche de la classe
1918 viennent y coopérer.

Des relèves successives ont lieu en secteur,
pour permettre aux Divisions du 34ᵉ C. A. de
manœuvrer à l'arrière. Le thème comportait
l'étude d'une D. I. en réserve, venant occuper une
deuxième position sur la Montagne de Reims, la
première position ayant été enlevée ; le mouvement de repli du 34ᵉ C. A. La 134ᵉ D. I., comman-
dée par le général Petit, exécute cette manœuvre
en février 1918, dans la région de Bligny, le général Nudant y assiste.

La 134ᵉ D. I. remonte en ligne le 18 février où
elle assurera jusqu'au 25 août la défense de
Reims par ses propres moyens.

Jusqu'au 28 mars, elle relève de la V⁰ Armée (34⁰ C. A., général Nudant), puis passera au 1⁰ʳ C. A. C., général Mazillier, IV⁰ Armée.

Le 1⁰ʳ mars, les Allemands donnent sur le secteur un fort coup de sonde et utilisent un large emploi de gaz. Ils échouent.

Le 9, ils recommencent en employant les projectors, réussissent à pénétrer dans nos tranchées et à nous causer quelques pertes.

La tension se fait de plus en plus forte ; coups de mains journaliers.

Le 10 mars, au soir, débarquera à Muizon, le groupe Walck, des tanks Saint-Chamond, qui devra coopérer à la défense de Reims ; des cheminements sont étudiés, tant dans la ville qu'à la périphérie ; le groupe est en station provisoirement à Chamery, où se fait hâtivement l'instruction d'une Compagnie d'accompagnement (I. A. C.).

Le 18, un détachement du 100⁰ d'Infanterie attaque le Boche et lui fait des prisonniers.

Le 21 mars, l'ennemi déclanche un bombardement d'une violence inouïe sur le secteur, plus de 5.000 obus sur la ville.

Les tanks sont alertés, quittent Chamery et montent à Reims de nuit, où ils se garent dans les hangars de la chaussée du Port, le 22. La ville est complètement en feu, les derniers civils ont été arrachés de chez eux (1).

(1) Les derniers civils ont été évacués d'office le 25 mars 1918. Le cardinal Luçon et le docteur Langlet par leur belle

Conformément aux ordres donnés, les troupes se replient dans la nuit du 22 au 23 sur la zone principale de bataille, le bombardement continue, mais sans être suivi du débouché de l'infanterie ennemie. *Au crépuscule, les troupes réintègrent la zone de couverture abandonnée la nuit.*

L'attaque ennemie s'était portée sur l'armée britannique le 21 mars.

Quoique l'ennemi développe toute son activité dans la région d'Amiens-Montdidier, il répète ses coups de mains et ses coups de sonde sur le secteur de Reims et tient le commandement français en haleine en lui empêchant ainsi de faire des prélèvements pour les lancer en renforcement du front attaqué.

Le général Micheler, commandant la V⁰ Armée, est appelé sur la Lys fin mars. Nous passons à la IVᵉ Armée (général Gouraud) (2).

Le 10 avril, bombardement des positions et de la ville. Les troupes sont alertées de nouveau. Pas d'attaque d'infanterie ennemie.

conduite sous les ruines de Reims resteront comme les plus belles figures civiles de la Nation. Sans distinctions d'opinions politiques ou confessionnelles, elles devront être citées en exemple à nos générations futures.

(2) La Vᵉ Armée ayant passé à un autre front (Lys), la VIᵉ et la IVᵉ Armées se partagent son secteur et on commet l'erreur de donner la butte de St-Thierry à la VIᵉ Armée, laissant Reims à la IVᵉ Armée alors que ces deux positions vont être étroitement solidaires, il en résultera le trou dangereux de fin mai et premiers jours de juin 1918, chaque division se retirant vers son nœud vital le Q. G. de l'Armée.

Ici se place la période de destruction systématique de la ville.

Il faut avoir vécu dans cet immense brasier, chef-d'œuvre de désolation flamboyante, si l'on peut s'exprimer ainsi, pour comprendre la ténacité farouche des défenseurs, ténacité animée par un paroxysme de haine et de rage partant du fond du cœur de nos soldats, témoins d'une telle destruction : du paysan au citadin, il n'y a qu'un cri, et dans les quelques semaines qui suivront nous les verrons s'arc-bouter comme des forcenés aux premières pierres de Reims.

De la fin avril au déclanchement de l'offensive allemande, l'ennemi continue ses coups de mains sur tout le front de Reims, et auxquels nous répondons du tac au tac.

Le 18 mai, un incident de secteur. Les Allemands cherchant un vent favorable pour une nouvelle émission de gaz lancent des ballonnets lestés de « Gazettes des Ardennes », qui viennent tomber dans nos lignes.

Vers le 20 mai, le P. C. de la 134e Division est transféré à Villedemange.

Profitant du repos de plusieurs bataillons, le général Gouraud vient les électriser comme s'il avait l'intuition d'une bataille prochaine.

Le 27 mai, nous allons prendre part à une manœuvre comportant la défense de la côte 240 (Vrigny), lorsque, dans la nuit précédente, elle venait d'être décommandée.

Le secteur allait alors s'agiter.

Pour fixer exactement le lecteur, je donne ci-dessous *in-extenso*, le plan de défense conçu par le général Petit et son Etat-Major. Les événements lui donneront, comme on le verra, avec force, raison.

Deux zones de défense ou position furent créées :

La première dite de coüverture, occupée en temps normal, par conséquent connue de l'ennemi.

La deuxième zone de résistance, occupée en cas de bataille, inconnue de l'ennemi, et sur laquelle se portaient où étaient les réserves, et sur laquelle refluaient les avant-postes, — position qui devait être défendue à outrance.

Ces deux zones, ou positions, étaient malheureusement trop rapprochées et coincées entre la première ligne de guetteurs et les murs de la ville.

La ville, derrière ces deux zones, formait un réduit, une sorte de citadelle, dont chaque rue était défendue par une mitrailleuse.

Par analogie, l'artillerie avait ses emplacements normaux et ses emplacements de combat, les servants étaient dressés à occuper rapidement ceux-ci ; de fait, notre artillerie, grâce à ce procédé, a eu des pertes excessivement légères. Par mesure de précaution, elle avait même des pièces balladeuses, qui seules tiraient en temps normal chacune quatre coups, pour faire croire à une batterie nouvelle. L'ennemi n'a jamais su exactement ni le nombre, ni les positions de batteries occupées.

Le commandant de la D. I. avait ordonné, en outre, qu'à chaque emplacement que chaque pièce put tirer sous un angle de 1.600/1.000°, c'est-à-dire en demi-cercle, ce qui permettrait à toutes les batteries de pouvoir tirer sur tout le front du secteur presque instantanément.

Artillerie chargée de la défense du secteur

a) Artillerie anti-tank, 19 pièces isolées à la périphérie de la ville ;

b) Artillerie d'appui direct, 4 groupes (1 groupe par sous-secteur) ;

c) Artillerie d'action d'ensemble, 1 groupe de 75, 2 groupes de 155 court ;

d) Artillerie permanente du secteur (90, 95, 120 et 155 long).

Plan de défense de Reims

Différentes lignes de la première position et de la position intermédiaire

Première Position
ZONE DE SURVEILLANCE ET DE COUVERTURE

Parallèle de surveillance

Tranchée de Lorraine, des Marcassins, des Sangliers, et parties de Rethel, tenues par le 63ᵉ R. I.

Autres parties de Rethel, Hébert de Salins, et partie des Chasseurs, tenues par le 65ᵉ R. I.

Autres parties des Chasseurs, du Sémaphore, des Romains, du Village, tr. Nouvelles, de la Revue, de Balzac, d'Arlon, tenues par le 100ᵉ R. I.

Tr. de Privas, de Tournon, de Tulle, de Hambourg et tr. Mignot, tenues par le 22ᵉ Colonial.

Parallèle principale

Tr. des Flandres, de Mézières, boyau de Charleville, tr. de la Meuse, défendues par le 63ᵉ R. I.

Tr. des Ardennes, des Cafres, défendues par le 65ᵉ R. I.

Boyau de la lisière S.-O. de Bétheny, tr. de

Bellac, de Bapaume, de Chimay, défendues par le 100ᵉ R. I.

Tr. de Cassel, boyau Bara, tr. de Camou, de la cote 95, 6 et Parlès, défendues par le 22ᵉ Colonial.

La zone située en avant de la parallèle de première position est évacuée sans combat, en cas de grande attaque ou de coups de mains.

Parallèle de soutien
(Dite parallèle principale de couverture)

Tr. de Baudricourt, de Salamandres, défendues jusqu'à la voie ferrée par le 63ᵉ R. I.

Parties ouest des Salamandres, des Anglais et de Paris, défendues par le 65ᵉ R. I.

Tr. de Bourgogne, de Dijon, de Chauny, du Centre, de l'Aviation, de l'Oise, du Village Nègre, défendues par le 100ᵉ R. I.

Boyau Neufchâtel et Balzac, voie ferrée jusqu'à tr. Viala, tr. Viala, Friant, de la Plaine, partie du boyau de Rupilly au pont de la Besace, défendues par le 22ᵉ Colonial.

POSITION PRINCIPALE DE RÉSISTANCE
(ZONE DE BATAILLE)

Parallèle principale
(Dite parallèle principale de bataille)

Centre de la House, tr. des Centaures, de la laiterie, défendues par le 63ᵉ R. I.

Tr. de Bonnard, du Peignage, du Stand, Centre du C. B. R., tr. de la Halte, défendues par le 65ᵉ R. I.

Tr. des Docks, de Genève, Bretelle Nudant, tr. du Cantal, du Congo, défendues par le 100ᵉ R. I.

Tr. de la Chicane (ouest), pont de la Besace, réduit de Dinard, défendues par le 22ᵉ Colonial.

Parallèle de soutien

Constituée :

a) Au sud de la voie ferrée de Rethel, par les organisations défensives des lisières de Reims jusqu'au centre du C. B. R., par les 63ᵉ et 65ᵉ R. I.

b) Au nord-ouest, par la Bretelle Chaptal et le centre des Machines, la sape Callot, le centre de Neufchâtel, la sape du Repos, le Sémaphore, défendus par le 100ᵉ R. I.

Les centres de la Neuvilette, de la Verrerie, le boyau de la route s'appuyant au canal, défendus par le 22ᵉ Colonial.

Parallèle de réduit (1)

Le réduit de Reims est constitué par une organisation défensive de certaines rues formant un trapèze face à l'est, dont la base du réduit de Reims est déterminée par le canal de l'Aisne à la Marne orienté nord-ouest - sud-est.

(1) Le Commandant du secteur disposait en outre pour la défense du réduit de Reims d'un bataillon territorial et de 8 compagnies de mitrailleuses de position.

Le côté nord du trapèze déterminé par la rue du Mont d'Aréno, défendant la partie du faubourg Clairmarais et la gare.

Le côté est, boulevard Lundy, les rues de la Paix, Gerbert et partie Victor-Hugo, défendant le centre de la ville et la cathédrale.

Le côté sud, la rue Fléchambault, partie rue Simon, rue Saint-Rémy, rue d'Oseille, rue Brulard.

Ce trapèze, surmonté lui-même sur sa face est d'un autre trapèze dont la base est formée par la même partie est du grand trapèze, ayant comme point d'appui l'ancien cimetière du nord, sur son côté nord, et passant par le boulevard du Champ-de-Mars.

Face à l'est, par le boulevard Jamin, boulevard Cartelet.

Côté sud par le boulevard Marceau.

Répartition et emploi des forces

Bataillon d'avant-postes

Un bataillon par sous-secteur à la position de couverture ou d'avant-postes :

a) Deux compagnies en grand'garde, chargées de :

1° Maintenir l'intégrité de la première position en cas d'attaque localisée ou de coup de main ;

2° De couvrir, en cas d'attaque généralisée, la prise du dispositif de défense, en résistant le temps nécessaire sur la parallèle principale de couverture ;

3° De se retirer ensuite en soutien, dans la zone de bataille.

Ce repli n'est exécuté que sur l'ordre du général commandant le secteur.

b) Une compagnie en réserve d'avant-postes et garnison de sûreté de la parallèle principale de la zone de bataille.

Elle y sera maintenue en cas d'attaque généralisée.

Nota. — Le C. R. Bétheny est occupé par trois compagnies en grand'garde, deux fournies par le bataillon d'avant-postes (la 3° compagnie de ce bataillon en réserves d'avant-postes).

Une compagnie fournie par le bataillon de réserve de sous-secteur.

Le C. R. de Bétheny formait un saillant dangereux, mais qu'il fallait occuper pour empêcher l'ennemi de s'y installer.

Bataillon en réserve de sous-secteur

A pied-d'œuvre dans la zone de bataille pour réaliser en cas d'attaque généralisée avec l'appoint de la compagnie garnison de sûreté, la garnison de défense de la position intermédiaire ultérieurement renforcée des fractions d'avant-postes repliés.

a) *Stationnement* : Bataillon de réserve de sous-secteur de Reims.

Un bataillon zone nord faubourg de Laon ; une compagnie en grand'garde.

b) *Mission* : Occupation et défense à fond de la ligne principale de la zone de bataille.

Au début, appui du bataillon d'avant-postes et protection de leur repli.

Maintenir échelonnés en arrière des éléments de réserve et fournir des groupes de combat aux pièces contre tanks et aux C. M. P. du périmètre de la ville.

Bataillon de réserve de C. A. et D. I.

Un bataillon du Régiment Nord du sous-secteur de Reims : Tinqueux.

a) *Mission essentielle :* Agir par le mouvement, rétablir par la contre-attaque l'intégrité de la parallèle de bataille, d'après un plan d'emploi arrêté d'avance.

Mission éventuelle : Défendre pied à pied le périmètre et la périphérie de la ville au cas où ce mode s'imposerait.

b) *Première destination en cas d'alerte* : Bataillon de Tinqueux à la disposition du commandant du sous-secteur de Reims, faubourg de Laon, caves Poulot et Corneille.

A noter que le général Serré de Rivière, qui avait organisé, après 1870, la défense de nos frontières avait parfaitement vu juste en assignant à Reims la mission de deuxième position de défense après la violation des frontières.

Le rôle de région fortifiée — rôle condamné prématurément en 1885, par l'abandon des forts et de leur déclassement, alors qu'ils étaient parfaitement en état de tenir comme l'expérience l'a prouvé, fut une erreur, comme celle d'ailleurs d'avoir considéré en haut lieu Reims comme un simple saillant qu'on pouvait abandonner sans trop de risques, lors de la crise de confiance qui sévit fin mai et 1er juin 1918 sur notre Ve Armée.

La conception du plan de défense du général Petit et de son Etat-Major (approuvé par le commandant de l'Armée en avril 1918) m'apparaît comme une reprise du plan de la deuxième position fortifiée, définie par Serré de Rivière, *comportant, en plus, la mission de défense pied à pied du périmètre et de la périphérie de la ville.*

On verra, dans la relation des événements qui va suivre, que l'auteur du Plan de Défense d'avril 1918 y persévèrera, en dépit d'ordres formels qu'il aura reçus de l'Armée, considérant, selon son Plan, Reims comme une place forte, dont il était en quelque sorte le gouverneur et, comme tel, ayant le devoir de la défendre jusqu'à la dernière limite ; et de fait *Reims a bouché et bouchera les voies naturelles d'accès à la Marne, entre la Montagne de Reims et les Monts de Champagne, qui présentent de gros obstacles naturels, qui nous ont préservé et nous préserveront toujours du déferlement d'une marée envahissante,* ainsi que l'ont prouvé les opérations de 1918, et qui resteront un beau sujet de méditation pour ceux qui auront la charge de la défense du territoire dans l'avenir...

Ordre d'alerte générale

I. — TRANSMISSION DES ORDRES D'ALERTE.

L'ordre d'alerte est transmis par message téléphoné, chiffré : alerte générale ;
Par T. P. S. et T. S. F. : signal.
L'ordre d'alerte générale est donné par le général commandant la D. I. aux quatre commandants des quatre sous-secteurs de la défense de Reims.

II. — PRISE DU DISPOSITIF D'ALERTE.
(Dans chaque sous-secteur)

1° *Bataillon d'avant-postes.* — Les éléments de surveillance et de couverture se replient sur la parallèle principale de couverture.

Prise du dispositif de combat sur cette parallèle.

2° *Compagnies en réserve d'A. P. et bataillon réserve de sous-secteur.* — Prennent le dispositif de combat sur la parallèle de bataille.

3° *Bataillon réserve de la D. I.* — Sous-secteur de Reims.

Le bataillon Tinqueux-Bézannes se porte à Reims (faubourg de Laon), caves Poulot et Corneille, à la disposition du colonel commandant le sous-secteur.

Nota. — Les consignes d'alerte des éléments spéciaux de la place de Reims sont établies par le commandant du sous-secteur de Reims.

III. — DISPOSITIONS GÉNÉRALES.

Militaires des Corps détachés au C. I. D. — Tous les militaires détachés des corps au C. I. D. rejoignent immédiatement leur unité en un seul détachement commandé par un officier si l'ordre d'alerte arrive de nuit ;

En plusieurs détachements encadrés (sections échelonnées à 200 mètres, si l'ordre arrive de jour).

Les corvées et détachements de travailleurs rejoignent immédiatement leur unité.

Les bataillons employés aux travaux gagnent leurs emplacements d'alerte.

Dispositions à prendre
par les troupes de défense d'artillerie

Combat, les chars d'assaut avec tous les mortiers-stocks, Brandt et ses canons de 37 millimètres.

Les mortiers renforcent le barrage d'artillerie.

Les canons de 37, sur des emplacements réservés, coopèrent avec l'artillerie à la destruction des chars d'assaut, dès que ceux-ci entrent dans leur champ de tir.

Les mitrailleuses ne doivent pas ouvrir le feu avant le débouché de l'infanterie ennemie ; il est presque impossible à un tank de découvrir une mitrailleuse qui ne tire pas.

C'est par conséquent dans un silence maintenu jusqu'à l'apparition de l'infanterie ennemie que les mitrailleuses trouvent la garantie de pouvoir remplir leur mission au moment opportun.

Plan de recherche et d'exploitation
des renseignements

a) Prescriptions particulières en vue de hâter la transmission des renseignements.

Les communications régulières, telles qu'elles sont prescrites par l'instruction sur la recherche et l'étude des renseignements sont suffisantes.

b) Prisonniers :

1° Au régiment (officier de renseignements).

Désarmer les prisonniers, fouiller les officiers et les chefs de section.

Etablir une fiche numérique indiquant : le nombre de prisonniers, les régiments auxquels ils appartiennent, le lieu et l'heure de leur capture.

Transmettre ces renseignements à la D. I., soit par téléphone, soit par moyen rapide.

Envoyer les prisonniers, sous escorte, au point de rassemblement de *la D. I. au P. C. Villedemange* : le commandant de l'escorte est porteur de la fiche et des papiers des officiers.

Grâce à notre stabilisation dans le secteur depuis février 1918, le service de transmission était remarquablement établi et organisé par l'officier téléphoniste, M. Debenoist, de la 134° D. I. Toutes les lignes étaient reliées jusqu'au P. C. de colonels, à Reims, elles passaient dans les égouts, de sorte que lors des grosses attaques ennemies, notamment en juin, et surtout le 18, si l'ennemi a attaqué avec une artillerie de tous calibres, jusqu'à y compris 10 pièces de 420, aucune ligne n'a claqué ; la liaison a toujours été parfaite et à permis au commandant de la D. I. de jouer de son artillerie à la demande des commandants de sous-secteurs.

Plan des mesures spéciales
de défense contre les chars d'assaut

I. — Examen du terrain.

Devant le front de la D. I., sur le canal qui forme barrière infranchissable au sud-est et au nord-est de Reims, s'infléchit vers le sud en s'éloignant de la première ligne, déterminant ainsi une poche où le parcours des tanks est facile, ils pourraient pénétrer dans nos positions sur une profondeur de 4 kilomètres ; il est donc nécessaire d'organiser un obstacle passif les empêchant de parcourir tout au moins jusqu'à nos positions de batteries avancées.

II. — Organisations défensives.

Sont prévues et en voie d'exécution :
1° Etablissement d'un barrage de mines depuis la face sud de l'ouvrage du Cantal jusqu'à l'extrémité :
Le long de la voie ferrée Laon-Reims-Châlons ;
Sur la partie de l'est de Reims ;
Devant toute la sape de la Plaine.
2° Coupures des routes : Reims-Bétheny ; Reims-Vitry ; Reims-Cernay ; Reims-Neuf-Châtel ; Reims-Pierquin-Bétheny, à hauteur des points de ces routes où croisent les voies ferrées.

3° Destruction des ponts et passerelles exis-
tant sur la Vesle et le canal.

III. — PLAN D'ACTION CONTRE LES TANKS.

a) Lorsque des indices permettent de présumer
une attaque par tank, l'attention de tous les observatoires est spécialement attirée sur la surveillance des zones de rassemblement et de dé-
bouchés possibles de ces attaques. Ces zones de
rassemblement sont :
1° Le bois Soulains ;
2° Le bois de la Garenne ;
3° Le bois des Ondes ;
4° Le ravin situé au sud du Poisson Vert (sud
de Vitry) ;
5° La région est de Cernay ;
6° La lisière ouest du massif de Berru, entre
la route de Cernay et le bois en Gril.
b) Alerte aux tanks.
1° *Par temps clair* : les observatoires de commandement et permanents signaleront le débouché des tanks : 1° à l'autorité à laquelle ils fonc-
tionnent ; 2° aux commandants des sous-secteurs.

L'artillerie intéressée sera aussitôt prévenue,
les P. C. les plus avancés seront alertés par les
soins des commandants des sous-secteurs par
l'ordre : « Alerte aux tanks », transmis par tous
les moyens en leur pouvoir.

Les P. C. de bataillons, de compagnies auront un clairon qui, à ce signal, exécutera la sonnerie « Garde à vous ».

2° *De nuit et par un temps brumeux* : Les guetteurs de première ligne transmettront l'alerte à leurs commandants de compagnies.

Les compagnies feront sonner le « Garde à vous » et préviendront par tous les moyens en leur pouvoir les commandants de bataillon.

Les commandants de bataillon feront exécuter le barrage si leur front est menacé.

Ils préviendront l'arrière et les pièces anti-tanks de leur sous-secteur en utilisant tous les moyens de liaisons.

Au sujet des Observatoires
Une fourberie de l'Etat-Major Allemand

Les Allemands, furieux de leur perte de Reims le 12 septembre 1914, après une courte occupation (du 3 au 12 septembre), effectuèrent des tirs d'artillerie sur la cathédrale, prétextant que l'Etat-Major français se servait des tours comme observatoire.

A la suite de représentations, et sur les instances du Vatican, le Kaiser faisait écrire au Pape, en 1915, par l'intermédiaire du Cardinal Von Hartmann, archevêque de Cologne : « *que la cathédrale ne serait plus bombardée, à moins que*

*les Français ne s'en servissent de nouveau pour
des usages de guerre »*.

En 1918, ces bombardements reprenaient, et,
pour les justifier, l'Etat-Major allemand s'offrait
le superluxe d'une nouvelle fourberie en publiant un communiqué de guerre en mars 1918,
reproduit dans un journal suisse, et dont voici
la copie :

Communiqué Allemand

Front occidental. — Dans la soirée, recrudescence dans plusieurs secteurs de l'activité de
l'artillerie et des minenwerfers. Les reconnaissances sont poursuivies avec la même activité.

. . . .

Sur le front des Flandres. — Au cours d'une
opération allemande au nord-ouest de Reims, un
poste optique français, plusieurs fois remarqué ces derniers temps, sur la cathédrale de
Reims, a fonctionné.

. . . .

Signé : Ludendorff.

Notre gouvernement s'était naturellement ému
à la lecture de ce communiqué ; il envoyait d'urgence des parlementaires en mission à Reims.

Le 11 mars 1918, M. Pierre Renaudel et M. Abel
Ferry furent présentés, vers 10 h. 30 par le
commandant de la 134ᵉ D. I. au Cardinal Luçon.

Les membres de la Commission de l'Armée lui
exposèrent leur but et leur mission.

On sait que des ordres rigoureux avaient d'ailleurs été donnés, dès 1914, par notre gouvernement au G. Q. G. pour mettre en garde les commandants d'Armée contre toute installation d'observatoires sur la cathédrale de Reims, ce, afin d'empêcher à l'ennemi toute allégation ou prétexte quelconque lui ouvrant le droit de tirer pour détruire ce prestigieux édifice.

D'autre part, durant la guerre, diverses puissances neutres ont été amenées à constater, par l'envoi de missions faisant des visites inopinées à Reims, que notre Etat-Major ne se servait pas des tours et de la cathédrale, comme observatoire ou station radiotélégraphique.

Le Cardinal Luçon expliqua aux membres de la Commission de l'Armée que, si l'ennemi avait vu des hommes sur la cathédrale, c'est en raison de la recrudescence de l'activité de l'artillerie allemande sur la ville de Reims, et notamment aux abords de la cathédrale, que ces hommes, n'appartenant pas à l'armée, étaient effectivement occupés à descendre des lambeaux de vitraux qui restaient à diverses fenêtres de la cathédrale.

Il fut décidé, au cours de cet entretien :

1° Que le Cardinal Luçon, archevêque de Reims, écrirait une lettre au Pape pour affirmer que, postérieurement à l'occupation de Reims par l'armée allemande, du 3 au 12 septembre 1914, qu'il n'y avait jamais eu de postes d'observation ou de signalisation optique sur la cathédrale, le priant d'intervenir auprès du gouvernement allemand, afin d'empêcher un nouveau bombardement de la cathédrale, et le cardinal lui expliquant que, si l'ennemi avait vu des hommes sur l'édifice, qu'il s'agissait de gens n'appartenant pas à l'armée occupés à retirer les lambeaux de vitraux des fenêtres de la cathédrale.

2° Que le Cardinal Luçon ne pouvant publier sa lettre au Pape, avant que ce dernier ne l'eût reçue, c'est-à-dire avant trois ou quatre jours, qu'il rédigerait une note qui serait communiquée à la presse, *après que le Gouvernement en aurait pris connaissance*, et dans laquelle il donnerait les mêmes explications qu'il fournirait au Pape.

RADIOTÉLÉGRAMME ALLEMAND

Quand, vers 6 heures du soir, alors que le cardinal dictait sa lettre au Pape, et sa note pour les journaux, un officier d'Etat-Major vint lui annoncer que le G. Q. G. avait recueilli un radio allemand déclarant : « *que si, dans 48 heures, l'autorité militaire française n'avait pas fourni la preuve qu'il n'y a sur la cathédrale ni poste d'observation ou de signalisation optique, ni station radiotélégraphique, la cathédrale serait bombardée.*

A la suite de la réception de ce radio allemand, il fut convenu que nous répondrions par un autre radio, mais que le cardinal enverrait tout de même sa lettre au Pape, et sa note serait quand même publiée, *si le Gouvernement le jugeait opportun.*

Les 48 heures passèrent, et les Allemands ne bombardèrent pas la cathédrale.

Par contre, les semaines suivantes, les Allemands s'acharnèrent stupidement sur le magnifique édifice, en dépit de toutes représentations, affirmations de puissances neutres. (Le colonel suisse Feyler, notamment, consacra à ce sujet un article dans le *Journal de Genève,* après une visite à Reims et une inspection des tours.) Rien n'y fit. La ville de Reims devait subir le même sort que la ville de Louvains : destructions systématiques qui resteront pour l'Allemagne une honte ineffaçable.

Les observatoires étaient particulièrement propices et admirablement camouflés, notamment celui de l'Enfant-Jésus, une cheminée d'usine du faubourg de Laon, et une autre, celle de la Brasserie Saint-Charles, en bordure du Canal.

L'Organisation défensive de l'arrière au Sud-Ouest de Reims

Les travaux du général Nudant

L'organisation défensive de l'arrière du 34ᵉ C. A., dont l'heureuse initiative revient au général Nudant, comprenait une série de positions

arrières, formant en quelque sorte le complément nécessaire à l'ensemble des positions de défense de la ville même.

Sa conception à double jeu allait en effet permettre aux généraux chargés de la défense de Reims et de la défense de la Montagne de Reims, de tenir et d'arrêter l'ennemi dans la plaine lui barrant ainsi l'accès à son objectif direct : la Montagne, pour déborder la ville par l'ouest.

L'orientation des parallèles, face au nord, et celle des boyaux face à l'ouest, permit une interversion de la destination des boyaux, devenant parallèles face au nord et les parallèles devenant boyaux de communications.

Cette organisation comprend trois positions :

Première position : formant cinq quartiers : 1° Quartier : cote 114. — 2° Q. Mont Saint-Pierre. — 3° Q. Les Graviaires. — 4° Q. du cimetière ouest. — 5° Q. Murigny. — Ces derniers jalonnés par des éléments de tranchées partant de l'ouest, du sud de la Vesle, et allant vers l'est par le sud de Champigny, le Mont Saint-Pierre, les Graviaires, sud du cimetière de l'ouest à la Maison Blanche, en s'appuyant jusqu'à la ferme de Murigny, sur la route nationale d'Epernay à Reims.

Deuxième position, déterminée par une ligne intermédiaire de tranchées partant de l'ouest, de la Garenne du Gueux, passant par Thillois, la tranchée de Bourgogne reliant Ormes, la tranchée de Baltimore reliant Bézanne, la tranchée Brignoles avec l'ouvrage de Bouleuse, les tranchées de Beauvais et de Brives, en direction de la route d'Epernay, à l'est.

Troisième position, formée aussi en cinq quartiers : 1° Q. cote 112. — 2° Q. Ormes. — 3° Q. La Folie. — 4° Q. les Mesneux. — 5° Q. cote 122.

Toutes ces organisations se prolongeant à l'est, vers Trois-Puits, etc..., et couvrant le pied de la montagne de Reims et les villages de Rosnay, Janvry, Gueux, Vrigny, Coulommes, Pargny, Jouy, Champfleury, Montbré...

Avant les attaques allemandes du 27 mai, la 134° Division, tenant un front de plus de 7 kilomètres, couvre la ville de Reims du nord au sudest.

Ce secteur se répartit en quatre sous-secteurs :

La Neuvilette : 22° Colonial et deux bataillons de Sénégalais ;

Bétheny : 100° d'Infanterie ;

Linguet : 65° d'Infanterie ;

Cernay : 63° d'Infanterie.

Ces trois derniers quartiers ont deux bataillons engagés (un de ligne et un de soutien).

Le quartier la Neuvilette recevra plusieurs bataillons de renfort.

La liaison à l'ouest se fait avec la 45° D. I., à l'est du canal de l'Aisne à la Marne.

La liaison, à l'est, se fait avec la 2° D. I. Coloniale, à la Butte de Tir (général Puypeyroux)..

Les éléments de la 134° D. I. occupent le 27 mai la parallèle de surveillance de la première position (zone de surveillance et de couverture définie par le plan de défense).

La veille, des reconnaissances de secteur ont lieu. Le commandement fait connaître qu'en raison de la tension, qui se manifeste dans la zone de l'Armée, elles ne s'opéreront pas, et alerte générale est donnée sur le front et à l'arrière.

A retenir que les divers incidents de secteur des mois précédents : manœuvres à l'arrière comportant le thème de repli d'un corps d'armée, arrivée de tanks dans la ville, alertes avec repli sur la ligne de bataille, avaient impressionné sinon les troupes, certainement les cadres.

Je me souviens très bien des commentaires les plus divers émis à l'époque. Ce tâtonnement de l'Etat-Major était manifeste, on percevait une forte inquiétude.

Tandis que, dans la Somme et dans le Nord, la bataille faisait rage, dans le secteur de la 134°, le général Petit fait compléter l'organisation défensive ; on procède uniquement par nids de résistances, chaque groupe de combat s'encage complètement dans un réseau ; on met au point les plans de feux, pas une semelle de terrain que les mitrailleuses ne doivent flanquer ou battre.

Dès avril, les éléments de la 134° sont déjà assouplis au principe du nid de résistance, même encerclé un groupe de combat se défend, le cas s'est d'ailleurs présenté maintes fois à l'occasion de coups de main, et nous a toujours réussi ; nos hommes en sont bien pénétrés.

C'est avec juste raison que Galli écrit que le secteur de la 134 est un modèle d'organisation défensive et on peut ajouter aussi un exemple de bon esprit.

Je ne reviendrai pas sur l'ensemble de la bataille qu'il a magistralement exposée.

Je resterai avec lui pour affirmer la vaillance des troupes du 1er Corps d'Armée Colonial et de la 45e Division.

Par contre, je me séparerai de lui pour rectifier les erreurs, rectifications nécessaires qui font l'objet de ces lignes.

J'en arrive aux faits.

JOURNÉE DU 28 MAI

Développement de la bataille
sur le front de Reims

L'ennemi, ayant attaqué vigoureusement la Ve Armée britannique et la VIe Armée française dans la journée du 27 mai, a réussi à pénétrer dans nos positions, son attaque à son extrême-gauche ne dépassant pas Courcy, mais elle porte son effort à la jonction des secteurs d'armée Vrigny-Reims.

Le 28 mai, au soir, tandis que l'attaque allemande progressera avec une rapidité déconcertante à l'ouest, et après une défense héroïque par les éléments de la 45e Division, Thil-Pouillon tombent, le fort de Saint-Thiérry est menacé.

La liaison reste étroite avec les troupes de la 134e Division de Reims (28e Bataillon de Sénégalais au Pont de la Besace, qui s'avance maintenant en pointe).

L'ennemi, parti de la tranchée d'Aviona, ayant à la faveur d'un fort bombardement, pris pied dans les tranchées et boyaux à l'est et à l'ouest du village, cherche à progresser sur son objectif : le pont Général-Aimé. Mais l'ennemi pris de flanc à son tour retourne à sa base de départ rapidement.

Les bataillons de réserve de la 134e Division sont lancés vers l'ouest dans l'après-midi du 28 et jours suivants, sur la demande du général Naulin (45e D. I.), qui voit son front s'élargir à tous moments.

Le 3e bataillon du 100e R. I., en réserve (deux compagnies à Tinqueux, et deux autres à Bézannes), qui devaient relever dans la nuit du 28 au 29 mai le 1er bataillon au P. C. Poitiers, est affecté, par ordre du commandant du 1er C. A. C., ainsi que le bataillon Jacquet du 65e R. I., à la 45e Division (91e Brigade, colonel Richaud).

Le groupement reçoit le message laconique ainsi conçu : l'ennemi est signalé dans la direction du nord.

Le bataillon se reformera à Tinqueux, vers 17 heures ; au passage dans cette localité, on procède à l'allègement du chargement des hommes ; les sacs sont laissés dans les locaux de la mairie.

A 6 h. 30, un avion français jette un message lesté dont la lecture est immédiatement faite aux troupes : « Les troupes françaises tiennent toujours le fort de Saint-Thierry après des combats héroïques. »

Le bataillon se met en marche au crépuscule, le canon gronde lugubrement en roulements de tambours, en traversant Saint-Brice, nous croisons notre artillerie lourde qui évacue ses pièces; les villages sont en feu. Nous ne savons toujours pas exactement où nous allons.

Quand, arrivés au sud de Merfy, sur la route de Maco, un officier du 6e Tirailleurs, porteur d'ordres, viendra au-devant de nous.

Le bataillon s'arrêtera et installera immédiatement ses avant-postes. Notre mission sera de barrer la crête de Saint-Thierry, face au nord, à 800 mètres environ au sud du fort (9e et 10e en ligne, 11e en réserve), ce qui revient à dire que le fort vient d'être perdu.

Nous attendons en vain d'interminables heures, sur cette route profondément encaissée, les guides du régiment de Tirailleurs ; Merfy est en feu : d'immenses flammes percent les ténèbres. Minuit tinte au clocher voisin, il y a là une émotion indescriptible, chacun reste silencieux, envahi comme par un certain mysticisme.

Les avions boches survolent et bombardent tous les bois. Quelques fumeurs enragés cachent le feu de la pipe par leurs casques.

Quelques instants ont passé, lorsque nous percevons le bruit d'une troupe en marche, qui racle la route, on prête l'oreille, et, distinctement les pas d'une colonne qui se rapproche de nous, mais pas une voix, lorsque tout à coup on entend interpeller : « Halte-là », et répondre : « France ».

Ce sont les éléments de la 45e D. I. qui battent en retraite : Tirailleurs, Régiments mixtes, Joyeux, conduits par leurs officiers, armés ou non armés, casqués ou sans casques, à moitié vêtus et marchant à bonne allure.

Tout cela déferle en trombe dans la direction du sud, quel vertige !

L'ordre de retraite générale a été lancé. Il est une heure du matin.

Les officiers supérieurs, des kakis, nous confirment l'événement et restent ébahis de nous voir là. L'ennemi suit de près la retraite des Français. Quoique engagés à suivre le mouvement, nous restons sur place, en renforçant nos avant-postes, aucun ordre ne nous ayant été communiqué.

De notre côté, les convois de ravitaillement d'artillerie montent toujours en ligne, motocyclistes porteurs de plis, cuisines roulantes et que sais-je. Nous n'y comprenons plus rien.

Effectivement la 45e Division ne peut endiguer

le flot allemand, elle brûle divers points où elle doit s'accrocher pour y recevoir des renforts, de sorte que ces derniers restent parfois isolés sans utilité tactique.

Le lieutenant Sagnier vient de prendre contact avec une reconnaissance boche, l'aspirant Lescure est tué.

3 heures du matin. — Le jour va poindre, nos petits postes signalent qu'à 200 mètres l'ennemi détermine sa nouvelle ligne en lançant des fusées signaux. Les rafales de 77 ne tarderont pas.

Un cavalier apporte l'ordre de retraite ; il est temps, il faut faire vite pour permettre au génie de la 45e Division de faire sauter le pont de Maco sur la Vesle.

L'arrêt du repli est fixé sur la rive sud de la Vesle pour tenir la voie ferrée Paris à Reims par La Ferté-Milon.

Le bataillon descend sur Ormes où il restera en réserve.

Nous laissons là les braves territoriaux, mitrailleurs de position se dépatouiller, et sur lesquels les Boches vont s'abattre bientôt ; ils viennent de se réveiller, la plupart sont à moitié nus; je doute fort qu'à eux aussi les ordres fussent communiqués.

C'est la retraite..., on bat en retraite éperduement, et cependant ces grappes d'hommes harrassés ne semblent point déprimés moralement.

Immédiatement, à l'est, le commandement est nécessairement appelé à rectifier le front couvrant la ville de Reims. (Prescriptions du 1ᵉʳ C. A. C.).

LIGNE DE BATAILLE LE 28 MAI

Le repli s'exécute exactement dans la journée du 28, partant du sud-est de Reims. Remontant vers le nord, nous occupons la parallèle de soutien, dite parallèle de couverture (plan de défense). Centre de la Butte de tir, ouvrage Jeanne-d'Arc, des Dragons, de la Manutention, la Porcherie, du Mamelon, tranchée sud de Bétheny.

Au sud de Bétheny, la ligne s'infléchit franchement à l'ouest par le centre d'aviation, ferme Pierquin, La Neuvilette, le Port de la Verrerie. (Le saillant formé par les positions du Pont de la Besace-Bétheny-La Neuvilette se trouve ainsi réduit, laissant un bataillon disponible dont l'emploi sera utile à l'ouest du canal, vers Champigny, où il sera lancé.) A l'ouest du canal, par la berge, jusqu'au pont Saint-Thierry, se prolongeant par la machine élévatoire, la Distillerie, la ferme Baslieux et le château des Marais.

JOURNÉE DU 29 MAI

La journée est marquée par la rentrée du général Micheler, commandant la Vᵉ Armée, envoyé de Mery-sur-Oise en toute hâte.

Elle sera fort agitée.

La journée du 29 mai a cette importance :
que la Ve Armée reprend sa fenêtre sur le front
de Reims, ce qui va permettre de coordonner les
actions des 45e et 134e Divisions qui, jusqu'ici,
appartenaient à des armées différentes, et n'opé-
raient que par entente entre les deux commandants de division, mais avec des directives con-
tradictoires de leur armée respective : 45e D. I. à
la VIe Armée (général Duchesne), et 134e D. I. à
la IVe Armée (général Gouraud).

Le Trou du Pont de Maco

A l'ouest, l'ennemi progresse toujours, les Armées françaises et britanniques ne peuvent endiguer le flux des Armées allemandes.

Sur notre secteur, l'ennemi a réussi à franchir
la Vesle au Pont de Maco, les territoriaux ayant
été submergés ont dû se replier aussi.

Le 22e Colonial tiendra Champigny, en face à
l'ouest, surveillant le trou formé au Pont de
Maco.

Par bonheur, l'infanterie allemande ayant
marqué un heureux temps d'arrêt sur ce point
aura permis au général Naulin d'aveugler cette
brèche.

Le 3e bataillon du 100e qui a atteint Ormes à
5 h. 45, où il restera en réserve dans les sapes,
sera alerté de nouveau et recevra un ordre d'opération à 9 heures : « L'ennemi est signalé dans
la direction du nord. Rechercher le contact.

Occupation de la cote 114 à 1.200 mètres au nord de Thillois, chasser tous les éléments ennemis qui ont franchi la Vesle au Pont de Maco. Nettoyage complet du terrain entre les cotes 100 et 114.

Le gros des troupes de la 45ᵉ D. I. s'est porté de lui-même sur la Montagne de Reims, au grand émoi du général Mazillier, commandant le 1ᵉʳ C. A. C., qui s'inquiétait de cette persistance de l'attirance vers la Montagne, d'où le trou béant et dangereux qui a existé quelques jours et qui a été bouché en partie avec les restes de la 134ᵉ D. I. et de son C. I. D.

C'est sur ce point que la liaison se fait avec la VIᵉ Armée (général Duchesne), raison pour laquelle le commandant de la 45ᵉ D. I. sera attiré par la Montagne de Reims qui est pour lui un véritable aimant, d'autant plus qu'il est autorisé par le général Franchet d'Esperey à replier sa division en cas de perte de la position de Brancourt (Galli, page 56).

Il va falloir boucher le trou devant Maco.

Nos éléments progressent sans incidents à la recherche du contact, sortant des sapes d'Ormes, le passage dans Thillois est des plus pénibles, car l'artillerie allemande s'acharne sur une batterie de la 45ᵉ D. I. ; les projectiles boches qui tombent à profusion et avec précision n'épargnent ni les pièces, ni les canonniers, ni les chevaux.

Remarqué un officier qui, l'avant-bras droit

arraché, conserve son commandement le bout du bras pendant.

Vers midi, nous sommes installés sur la cote 114, au nord des sapins, un réseau de fils barbelés protège nos tranchées.

Nous trouvons la liaison avec le 22ᵉ Colonial à l'intersection des chemins Maco, Thillois et Muizon, Champigny.

Au cours de l'après-midi, nous opérons des reconnaissances en direction de la voie ferrée face au nord, après avoir pratiqué quelques chicanes dans notre réseau, elles se trouveront au contact des nids de mitrailleuses dispersées dans les blés. Le sillage des balles révèle leur emplacement.

A 15 h. 40, nous recevons un plan d'engagement à exécuter à 15 h. 30 !... Mission : Enlever la voie ferrée, rejeter l'ennemi sur la rive nord de la Vesle.

Nos observateurs ont déjà signalé devant le front de notre secteur des formations allemandes massées, baïonnette au canon, sac à la main, prêtes à donner l'assaut. Le renseignement est contrôlé par une nouvelle reconnaissance qui est obligée de se replier avec des pertes.

L'opération est alors reportée au lendemain 30 mai, à 4 heures du matin.

A notre droite, les Allemands attaquent Champigny avec un acharnement inouï. Le 22ᵉ Colonial tient en liaison avec le 61ᵉ B. T. S., ferme

Bastieux, machine élévatoire, le 28° B. T. S. et des unités territoriales à la Verrerie et à la Neuvilette qui sont martelés sans répit. L'ennemi lance à l'assaut sur les positions sud de Bétheny vagues sur vagues ; quelle lutte !... quelle boucherie sur tout ce front ! Le Boche dévore Reims des yeux, — nos pertes sont considérables, mais, dans l'ensemble, ses coups de béliers sont stériles et ses pertes égalent les nôtres.

Malgré tant d'abnégation et d'esprit de sacrifice, Champigny tombe, et le 22° Colonial se replie au sud de Champigny dans la soirée, forcé par un ennemi plus de quatre fois supérieur et puissamment soutenu par une artillerie prodigue.

Dans ces pénibles heures, nous défendons le terrain avec des poitrines. Notre artillerie est inexistante. Elle ne peut plus suffire à sa besogne sur un front devenu demi-circulaire.

Nuit du 29 au 30 mai

Dans la nuit du 29 au 30 mai, le silence est troublé par quelques coups de canon, quelques coups de fusil.

Toute la soirée, jusqu'à la toute petite pointe du jour, devant nous, les Boches grouillent à foison à travers les champs de blé, s'interpellent à coups de sifflet, des bruits insolites s'entendent sur tout le front ; ce sont les derniers préparatifs pour l'attaque imminente, des craquements dans nos fils de fer, des bruits d'outils. Le brave petit

Maurice Merlin, l'œil perçant comme une vrille, est tout près de moi ; il me dit à l'oreille : « Y font des chicanes, les v..., on les aperçoit ramper comme des serpents... » Nous lançons une fusée..., alors nous entendons le bruissement des blés qui ondulent fortement, signe que le Boche vient d'être surpris ; les minutes sont des heures, et les heures des années. On désire le jour qui ne vient pas...

Quoique la fatigue terrasse nos hommes, ils sont là tous, vigilants et prêts à recevoir l'ennemi. Malheureusement *les mitrailleuses sont rares et les cartouches aussi. Faute de munitions, nous laissons les Boches attendre paisiblement leur heure « H »...* Quelle étreinte !...

2 heures du matin. On nous apprend que nous sommes relevés par les Sénégalais.

C'est en effet le bataillon Combault, du 64e B. T. S. qui est déjà là ; le jour enfin va poindre. La relève se fait malheureusement dans un vacarme infernal ; l'ennemi déclanche une bourrasque d'obus et se rue à corps-perdu sur les Sénégalais et sur une de nos compagnies qui n'est pas encore relevée.

C'est à la faveur de cette brèche du Pont de Maco que l'ennemi s'étant étendu en tache d'huile, masqué par les hautes herbes, a constitué à son aise sa base d'attaque le 29 au soir, pour enlever Champigny, et le 30, dès l'aube, nous bousculant en pleine relève à la cote 114,

marchant ensuite sur Thillois, où nos troupes se
replient au sud du village et viennent se cramponner au Mont Saint-Pierre.

Journée du 30 mai

Ligne de bataille le 30 au soir.

Notre ligne passe le 30 au soir de l'ouest à
l'est par :

1° *A l'ouest du canal.* — Nord d'Ormes, tranchées sud de Thillois, éléments de tranchées couvrant le Mont-Pierre, s'appuyant au Moulin de
l'Archevêque, remontant à angle droit vers le
nord par le tronçon de la voie ferrée, couvrant
ainsi la lisière ouest de Courcelles, face à Champigny, s'infléchissant vers l'ouest par l'occupation des éléments de tranchées bordant le ruisseau des Trois-Fontaines qui couvrent le château de la Malle jusqu'au canal, et un autre gradin remontant au nord par la berge du canal, le
pont de Saint-Thierry, contournant extérieurement la Verrerie et le pont de la Neuvilette.

2° *A l'est du canal.* — Pas de changement.

La progression dans la vallée de l'Ardre s'accentue, l'ennemi déferle en trombe, grisé par un
succès inespéré et marche sur Dormans et Château-Thierry.

La crise de Confiance

Quoique ce même jour, 30 mai, le général Foch ait donné l'ordre de la résistance à outrance sur place, et que le général Pétain ait lancé aux troupes son ordre général n° 107, le commandant de la V° Armée (général Micheler), de son côté, lance, par message téléphoné, comme un signal de détresse, un ordre de repli de nos lignes comportant l'abandon total de la ville de Reims.

Cet ordre est transmis par le commandant du 1ᵉʳ Corps d'Armée Colonial (général Mazillier), au commandant de la 134ᵉ Division (général Petit, le seul officier général chargé de la défense de la ville).

Cependant, le front de ce dernier n'a craqué ni à l'est, ni au nord, ni celui de la 45ᵉ Division (général Naulin) à l'ouest.

La journée est relativement calme en tant que manifestations offensives de l'infanterie ennemie, qui a besoin à un même degré que la nôtre, de reprendre du souffle.

Vers 9 h. 30, le 1ᵉʳ C. A. C. téléphone à la 134ᵉ Division (suivie d'une confirmation écrite en ces termes) : « Repliez vos éléments avancés, de façon à tenir face au nord-ouest la ligne Faubourg Cérès, la Haubette, les Graviaires. »

Le capitaine Agliani, de l'Etat-Major de la 134ᵉ Division est envoyé d'urgence en auto au P. C. de l'infanterie divisionnaire où tous les colonels sont convoqués pour recevoir communication du message de l'Armée.

Le général Petit, par l'organe de son sous-chef d'Etat-Major, fait ajouter *qu'il est décidé à ne pas bouger*, et qu'aucune opération de repli ne sera effectuée que sur son ordre formel et écrit.

Pour l'instant, il ordonne impérieusement de tenir Reims et de se faire tuer sur place, — c'est sur la ligne de bataille prévue par le plan de défense, — que sa division devra combattre et où elle résistera à outrance sans se laisser entamer.

La communication de ce message stupéfiant a impressionné plusieurs officiers, qui l'étaient déjà, par suite de la bataille qui se déroule à l'ouest, sur la Montagne de Reims. Des bruits pessimistes ont déjà courus que Ormes est tombé. Cependant, le capitaine Agliani réplique qu'il vient de traverser Ormes.

Tous les chefs de Corps sont aux côtés du commandant de la 134ᵉ, cependant le commandant de l'infanterie divisionnaire est moins enthousiasmé.

D'ailleurs, les troupes, par elles-mêmes, sentaient bien qu'il n'y avait, dans cette période angoissante, qu'une issue : « La victoire ou la mort dans les ruines. »

4

J'ai le souvenir personnel très net de ces heures tragiques où se manifesta avec une spontanéité manifeste chez la troupe la volonté de la résistance à outrance en cas d'encerclement complet.

Le colonel Beaulieu recevait le 30 mai le serment des troupes de la garnison de Reims, dont il était en quelque sorte le sous-gouverneur, que la ville ne serait pas abandonnée. (Caves Poulot.)

J'apporte le témoignage que ce ne fut pourtant point le résultat de coups de sondes précédés des bourrages de crânes courants...

C'était la France de 1914, que l'on retrouvait debout en 1918.

Oui, il faut avoir été soi-même dans la fournaise pour apprécier la dette de reconnaissance que le pays doit à tous ceux qui ont vécu en pleine fange, sous le feu et traqués par la mort, — pour la plupart laboureurs et tous petits artisans, pauvres bougres qui n'avaient rien à attendre de la guerre : selon l'expression du général Petit, plein d'admiration ; en effet, ceux-là, partis à l'appel du pays comme soldats, sont rentrés comme tels chez eux dans leur foyer et bien souvent ruinés.

C'est donc à l'infanterie de la 134ᵉ, en laquelle son chef avait une confiance absolue, que revient l'honneur d'avoir inspiré la résolution du chef qui l'a interprétée de magnifique façon.

Chefs et soldats étaient prêts à défendre la ville de Reims comme à Saragosse, par maisons et par rues, pied à pied, jusqu'au centre, soit jusqu'à la cathédrale (voir **Plan de défense** réduit de Reims) ; nos approvisionnements nous permettant de tenir assez longtemps ; les Allemands n'ayant plus l'appoint de leur artillerie formidable en raison de leur resserrement sur le réduit, en auraient payé de ce fait un prix exorbitant.

D'autre part, dès réception du message, le commandant de la 134e Division exprimait au commandant de l'Armée son émotion, il lui faisait même part de sa ferme volonté de ne pas bouger. La Ve Armée ne se laissa pas convaincre et fit répondre par l'intermédiaire du général Mazillier (1er C. A. C.), que cet **ordre de repli** était **basé** sur les deux principes :

1° Lé plus important : sauver plutôt une division fraîche et de bonne réputation, alors qu'il y a pénurie de réserves, que de sauver des ruines (*sic*) qui n'offrent qu'un intérêt moral. (J'aurai à y revenir plus loin.)

2° Détruire un saillant favorable à une attaque ennemie pour avoir une ligne de bataille plus propice à être soutenue par l'artillerie allant de la Pompelle à la Montagne de Reims, cote 240, à peu près en ligne droite.

Dans la soirée parvenait au P. C. de la 134e D. I., alors à Montchenot, l'ordre général de repli sous le numéro 1278.

L'ordre d'évacuation de la ville

L'Etat-Major du 1ᵉʳ C. A. C., en l'occurrence, au cours de la bataille, ne devenait qu'un organe de transmission de l'Armée :

DE L'ETAT-MAJOR   *daté de Tauxières, 30 Mai 1918,*
DU Iᵉʳ C. A. C.   *à 10 h. 30.*
N° 1278.

prescrivant que :

« A cause des progrès de l'ennemi sur la gauche, prévoir l'occupation des positions de résistances formant bretelles successives face au nord-ouest... »

Il ajoutait :

« **Actuellement (10 h. 30)**, notre résistance se fait face au nord-ouest, sur la ligne Faubourg Cérès, la Haubette, plateau des Graviaires, etc...

» Bretelles successives à prévoir dès maintenant :

« 1° Pont de la Housse, réduit Pommery, faubourg Sainte-Anne, centres de résistance du cimetière des Graviaires, Ormes, Montagne de Reims.

» 2° Passerelle de Vrilly, pont de Vrilly, Cormontreuil, tranchées de Turenne, de Bizerte, de Blidah, C. A. D. N. de Trois-Puits, sud du chemin de la route 51 à Bézanne, Villedemange. »

Aux termes de cet ordre, déterminant nettement notre ligne de bataille à 10 h. 30, l'Etat-
Major du 1ᵉʳ C. A. considérait comme exécuté
l'ordre de repli et que la résistance se faisait donc
face au nord-ouest, sur la ligne Cérès-Graviaires.

C'est-à-dire que les troupes, après avoir aban-
donné sans combat plus de la moitié de la ville,
se seraient repliées de l'est à l'ouest, sur la route
nᵒ 51 de Givet à Orléans, rue du Faubourg-Cérès,
l'Esplanade et la rue Cérès, la place Royale, la
rue Carnot, rue de Vesle, avenue de Paris, le
nœud de communication de la Haubette, les Graviaires et, plus à l'ouest, en direction d'Ormes.

Et, de fait, l'ordre malheureux ne fut pas exécuté par suite d'une forte volonté et d'une inspi-
ration heureuse du général Petit.

Nuit du 30 au 31 mai

L'E.-M. du 1ᵉʳ C. A. C. ne pouvait au surplus
ignorer que son ordre n'avait pas été suivi d'exécution, puisque le commandant de la 134ᵉ Division ne lui avait pas fait parvenir de compte
rendu réglementaire d'exécution.

Cependant, dans la tragique nuit du 30 au 31
mai, au cours d'une conversation téléphonique
tenue entre le capitaine Agliani, sous-chef de
l'E.-M. de la 134ᵉ Division, et le colonel Pierlot,
chef de l'E.-M. du 1ᵉʳ C. A. C., le colonel, parlant
incidemment de la nouvelle ligne de bataille, le
capitaine Agliani se rend compte que l'E.-M. nous

voit déjà au sud de Reims et le sous-chef de la 134e d'informer le colonel que la division tient toujours Reims. Ce dernier de répéter : « Mais Reims n'est pas évacué ?... Le capitaine Agliani de répondre : « Non, nous tenons toujours... »

La communication téléphonique des deux représentants d'Etat-Major se terminait sur un : « Ah » d'extrême étonnement du colonel Pierlot, qui coupait net la communication sans faire le moindre commentaire.

LE 31 MAI, MATIN.

La perte du village de Champigny a porté en flèche le secteur tenu par la 134e D. I., le général Petit prescrit en conséquence de la réduire en reportant ses troupes sur tout le front de défense de la ville de Reims sur la ligne de bataille prévue par le plan d'avril, ce qui comporte l'évacuation du village de la Neuvilette à la ferme Pierquin, broyée comme par un concasseur à coups de canon.

La ligne de bataille qui couvre immédiatement la ville sur son côté Est est déterminée par la voie ferrée du centre de la Housse au centre du C. B. R. et la halte ; elle est occupée sans incident. Il en est de même pour la partie la couvrant au nord par la bretelle Chaptal, le centre des Machines, la sape Callot, le cimetière du faubourg de Laon.

L'opération se fait sous la protection de tirs d'artillerie et un bataillon d'arrière-garde.

Vers le nord-ouest, du cimetière du faubourg de Laon, nous nous relions au pont de Saint-Thierry par le centre de résistance des Trois-Fontaines et la place d'Armes, sise à proximité du pont Saint-Thierry.

Le craquement du Pont Saint-Thierry

Par contre, immédiatement à gauche, par suite de la rectification, après l'évacuation de la Verrerie, qui reporte aussi nos troupes à l'est du canal au pont Saint-Thierry, en liaison avec celles qui ont évacué la Neuvilette, immédiatement à l'ouest, puisque le pont de Saint-Thierry doit tenir à outrance et devient ainsi la pierre angulaire de la défense nord-ouest de la ville ; les éléments tenant à l'est du canal — 61° Bataillon Sénégalais, 9° compagnie du 22° Colonial et une compagnie du 88° Territorial — interprètent le mouvement qui se déroule à leur droite comme une évacuation de la ville, rompent précipitamment la liaison au pont Saint-Thierry, provoquant la perte, à l'ouest du canal, du château de la Malle, l'invasion rapide des villages de Courcelles, Saint-Brice et Tinqueux. Le débordement par l'est et par l'ouest du Mont Saint-Pierre, que ses défenseurs — 65° R. I. métropolitaine — ne céderont qu'à 15 heures.

La brèche du faubourg de Clairmarais

A la faveur de ce recul précipité, le Boche, qui a collé au mouvement de repli de nos troupes à l'ouest de la ville, s'insinue rapidement en descendant au sud du canal par le pont de Courcelles qu'il franchit pour prendre dans le dos nos éléments qui tiennent du pont Saint-Thierry (rive est du canal) au cimetière de l'ouest par le centre de résistance des Trois-Fontaines.

Ce craquement de notre position de résistance si inattendu, si soudain et si brutal qu'il s'est manifesté, a sûrement donné à l'ennemi un immense éclair de joie et qui, par bonheur pour nous, n'a duré que le temps d'un orage, grâce à la confiance qui animait nos troupes.

Le colonel Beaulieu, commandant le 100 régiment d'infanterie, attaqué en même temps sur la totalité de son front, au nord et au nord-ouest, ne s'abandonne pas : sa décision est prise instantanément et il jette dans la brèche qu'il aveugle deux compagnies de réserve Richard et Taillade, du 65ᵉ Régiment d'Infanterie, tandis que, de son côté, la compagnie Docquois, du 100ᵉ Régiment d'Infanterie, interdit de son côté une tentative d'enveloppement (1).

(1) C'est par erreur que l'Historique du 65ᵉ d'infanterie porte cette opération comme ayant eu lieu le 28 mai 1918.

Les troupes qui gardent le faubourg de Paris bouchent le pont Saint-Charles, le parc Saint-Charles, le dépotoir où des groupes ennemis s'étaient déjà infiltrés ; de l'autre côté du canal, elles sont acculées aux murs de la Brasserie et interdisent une incursion qui se dessine dans le faubourg de Clairmarais en s'arc-boutant aux murs de la grande cour de la savonnerie improvisée en position de défanse, garnissant le boulevard Charles-Arnoult, les premières maisons du chemin des Trois-Fontaines, s'accrochant également au parc du même nom dont elles utilisent les canalisations bétonnées comme tranchées, et se reliant par le bled, aux maisons des marchands de monuments funéraires et au cimetière du faubourg de Laon.

L'ennemi profite de son succès à gauche pour foncer sur le cimetière, pour nous enlever cet important point d'appui. Le 1er bataillon du 100e R. I. (commandant Tarrade) occupe les tranchées sud de la ferme Pierquin et le cimetière de l'ouest, défendu par la 2e compagnie (Layssol). Après plusieurs attaques, l'ennemi réussit, à 15 heures, à s'emparer de la lisière nord-ouest du cimetière. A 17 heures, nouvelle attaque ennemie qui nous déloge complètement de ce point d'appui.

Une contre-attaque est montée aussitôt (éléments partie 2e et partie 3e compagnies), en soutien du bataillon. Mission : faire tomber la position en l'enveloppant ; deux sections de la première compagnie sont orientées vers le même point pour appuyer la contre-attaque. Lancée à 20 heures, elle réussit complètement. A 20 h. 30, le cimetière est repris, l'ennemi y abandonne ses mitrailleuses restées absolument intactes. Ce succès est dû, au point de vue tactique, à la surprise en grande partie.

La liaison entre la Montagne de Reims et la Ville

Ainsi que je l'ai déjà dit, et pour la raison que j'ai indiquée plus haut, la 45ᵉ D. I., qui se cramponne à la Montagne de Reims, est attirée vers le sud en raison de sa situation par rapport aux événements qui se déroulent dans la vallée de l'Ardre ; une liaison étroite est tenue entre la 45ᵉ et la 134ᵉ de Reims, qui reste accrochée à l'est aux murs extérieurs de la ville.

Une tentative de rupture possible du front, entre la lisière ouest de Reims et l'arête de la Montagne de Reims, Vrigny, côte 240, *implique une collaboration intime des généraux Petit pour la ville et Naulin pour la montagne*, afin de parer à un désastre.

Le général Naulin se décide à rester dans la plaine de Reims, *grâce aux travaux Nudant et sur les instances pressantes du général Petit*, au lieu de se *reporter sur la montagne*, ce qui présente un important intérêt pour la division de droite (134ᵉ), puisque chaque jour le trou se forme plus béant au sud de la route Rouen-Reims. A cet effet, le général Petit met à la disposition de la 45ᵉ Division, toutes ses disponibilités : 3ᵉ bataillon du 100ᵉ, C. I. D., 134ᵉ, un bataillon du 65ᵉ et un bataillon du 63ᵉ.

L'Affaire des Graviaires

A l'ouest, sur les Graviaires, l'ennemi attaque avec frénésie, en dépit de son échec sur les premières maisons de Reims où il s'est cassé le nez.

C'est à tort que M. Galli a situé le 30 mai l'opération de cette importante position, puisque le 30 notre ligne passait au nord par les lisières sud et ouest de Champigny, remontant vers le nord-ouest par le château de la Malle, pont de Saint-Thierry, la Neuvilette ; il ne pouvait donc être question ce jour-là de défendre une position qui n'était pas encore attaquée (1).

(1) Je retrouve la même erreur dans l'historique du 65ᵉ infanterie.

C'est le 31 mai que l'affaire eut lieu.

Le 3ᵉ bataillon du 100ᵉ, en réserve, à pris position d'attente dans la tranchée de Bombay, la veille dès la nuit (centre de résistance des Graviaires, au nord de Bézannes) ; il est en liaison avec des éléments coloniaux à l'ouest, lisière nord d'Ormes, parallèles du Génevrier et de Bourgogne ; la tranchée de Bombay borde la lèvre nord des Graviaires (1).

A 17 heures, un détachement du 22ᵉ Colonial — le capitaine Montagerand et sa liaison — reconnaît, dans la tranchée de Bombay, une base de départ en vue de contre-attaquer face à l'ouest le Boche qui se porte à l'assaut d'Ormes-village en le prenant à partie sur son flanc.

Le 100ᵉ attend l'attaque de son côté, dans la même tranchée, face au nord, et reçoit pour son propre compte les instructions suivantes : « Le Mont Saint-Pierre est tombé après une défense héroïque à 15 heures, l'ennemi est signalé dans la direction du nord. Les éléments de défense de la tranchée de Bombay recueilleront les combattants de toutes armes et tous corps qui se replient du Mont Saint-Pierre, et participeront à la défense sur notre position. Sous aucun prétexte, aucun homme non blessé ne pourra se

---

(1) Les Graviaires (ancienne sablière située au Sud de la Ferme de Constantine et rejoignant vers l'Est les premières Maisons de la Haubette, propices à l'ennemi pour y masser un régiment entier à la faveur de la nuit.

porter vers l'arrière, il sera maintenu en ligne. La tranchée de Bombay est passée ligne de résistance. Redoubler de vigilance. Le quartier des Graviaires est constitué. Poste de commandement : village de Bézannes. »

Nous ne tardons pas à recevoir des isolés de toutes armes et unités, combattants ou blessés. A 18 heures, l'aviation devient active. Une préparation d'artillerie s'annonce, puis va s'intensifiant. L'ennemi lassé d'attaquer de front la ville de Reims, continue sa progression dans Tinqueux et plus au sud où il cherche à s'insinuer dans les marais de la Muire. Sur la Montagne, Vrigny, la côte 241 ; à l'ouest, la bataille fait aussi rage, les villages sont en feu, le Boche bombarde sauvagement à obus incendiaires Bézannes, les Mesneux, Ecueil, Coulommes, Villedommange.

Les « saucisses » d'observation s'élèvent nombreuses et suivent à moins de 2 kilomètres les bonds de l'infanterie boche. Chaque bond de cette dernière est jalonné par fusées-signaux, déterminant ainsi sa ligne qui progresse sous la protection de son infanterie d'accompagnement et de l'artillerie de campagne.

Les communications sont battues par la lourde.

A 18 heures, une saucisse boche s'élève au-dessus des ruines de Thillois, puis une autre de Tinqueux.

Nos avions en descendent quatre en moins de deux minutes.

Les Graviaires sont particulièrement prises à partie par le canon et, de minute en minute, se révèle le tir de pièces nouvelles.

Sur la route n° 51, à hauteur de Thillois, un convoi automobile débarque des troupes en armes prêtes à entrer en action. Malheureusement, nous n'avons pas une batterie pour disperser ce rassemblement, qui s'opère à l'abri du village.

Nous recevons un message à lire sur le champ aux troupes de la garnison de Bombay. C'est un ordre du général Pétain, n° 107, du 30 mai :

« SOLDATS,

» L'ennemi frappe un nouveau coup.

» Supérieur en nombre pendant ces trois derniers jours, il a pu bousculer nos premières lignes mais nos réserves accourent. Vous allez briser son élan et riposter. Debout les héros de la Marne !... Pour vos foyers, pour la France !... En avant !...

» PÉTAIN.»

La lecture est à peine terminée que nous entendons : « Faites passer que les Boches sont derrière nous. »

On nous fait dire de l'arrière de rester dans Bombay, coûte que coûte et malgré tout.

Deux cents regards se portent sur l'officier commandant, regards décidés et confiants. Nous sommes tellement tassés dans Bombay qu'on ne peut s'y tourner.

Un poilu demande : « Qu'est-ce qu'on attend ?... », et Merlin de répondre : « On attend qu'il y en ait assez de rentrés dans la cage pour fermer la porte !... Et surtout pas de dégonflés, hein les gars !... »

En effet, l'ennemi ayant allongé son tir, s'était frayé un passage en se glissant en rampant dans un ravineau perpendiculaire à la tranchée de Bombay, enlevant une section et un officier avec une rapidité foudroyante ; puis commençait à se masser dans les Graviaires sans plus bouger, tandis qu'une autre vague progressait devant nous dans la plaine.

Malgré l'ordre reçu, il y avait impossibilité matérielle de se défendre dans Bombay. Le terrain des Graviaires se prêtait, par contre, très favorablement à une manœuvre.

Toute la garnison de Bombay évacue la tranchée, tandis que le C. I. D. 134, avec le capitaine Pindrier, tient dans la tranchée vers la Haubette. L'ennemi fou de joie en voyant les Français abandonner la tranchée bordant les Graviaires, se rapproche rapidement de nos positions.

A la faveur d'une de ces crevasses et des monticules, les défenseurs de Bombay sont rassemblés baïonnette au canon et vont déboucher en trombe, poussant mille cris, comme des sauvages, pour compléter la panique, en attaquant l'ennemi massé et surpris dans les Graviaires, tandis que la compagnie Pindrier, à droite, prendra à son compte, à partie les colonnes ennemies qui se déploient en vague de renforcement.

Les Boches qui sont dans Bombay sont pris comme dans une souricière ; ça crie, ça pleure, ça implore ! Non ! Rien à faire !... On tape dans le tas, il faut venger la section Dézarneau ; ce qui a été tué tout de suite ne reviendra pas nous attaquer.

C'est à qui cogne le plus fort, notamment :

Les soldats *Chanel, Caminade, Merlin, Maheraud, Bouchet, le vieux Daubannet, Dupont, Charruaud, Mouret, Béranger, Vialle, Faivre, Galmar, Nouard, Bec, You, Pralons, Descos, Thibault, Jean Lacaze, Gastinaud, Pihol, Loubeau, Legeay, Liéval, Cotet,* les caporaux *Le Sueur, Bouverie, Soler, Lolive,* sergents *Avril, Caillaud, Clerc, Lescuras,* etc..., les adjudants *Auproux, Lanta,* l'aspirant *Verdier,* sans compter les autres nombreux qui les ont égalés.

Le rapport transmis après l'opération s'exprime en ces termes :

« Vers 20 h. 10, l'infanterie allemande marque son bond de départ d'assaut par des fusées et prononce son attaque aux abords et sur la route d'Ormes à Tinqueux, point de liaison avec la compagnie Escouroux. La 4e section de notre compagnie subit le choc et l'ennemi réussit à se frayer un passage sur ce point, ce qui détermine

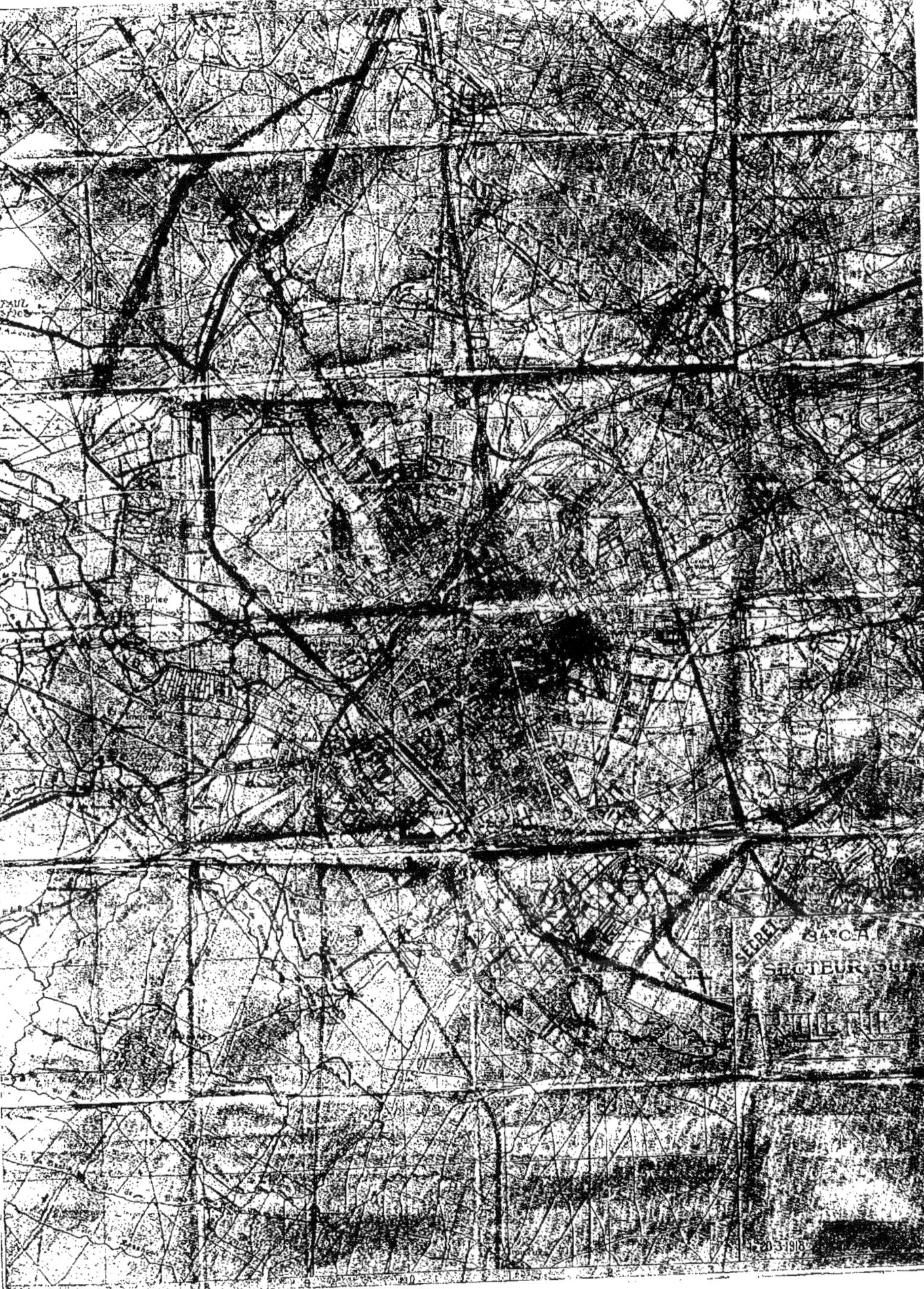

PAUL
Brie
SECRET
84e C.A
SECTEUR SUD

une coupure de notre ligne, entre la 9e compagnie et la section Lanta.

» Un nouvel ordre prescrit de tenir à tout prix.

» Mais, en raison de la situation précaire de la tranchée où sont recueillis de nombreux blessés, il est ordonné que la compagnie sorte de la tranchée de Bombay, pour attaquer l'ennemi en le manœuvrant dans les Graviaires.

» Par suite de la belle manœuvre de plusieurs petits groupes de combat et l'action extrêmement énergique des équipes de fusiliers-mitrailleurs, qui contrebattent des mitrailleuses ; des essaims ennemis cherchent à se replier précipitamment en abandonnant leurs pièces, mais nos groupes les mitraillent à bout portant.

Bilan : 4 mitrailleuses restent entre nos mains, 9 prisonniers du 127e et un nombre imposant de cadavres, dont quatre officiers.

Sur l'un d'eux le caporal Chagnaud trouve des documents importants : ordre d'opérations, plans directeurs, qui sont transmis d'urgence au commandement, et d'après lesquels l'ennemi devait se porter sur la ferme Murigny (route d'Epernay) à 2 heures du matin.

L'affaire est à peine terminée que nos permissionnaires rentrent dans leurs unités, après avoir fait un voyage interminable, puisque l'ennemi tient la ligne Paris-Epernay, par Château-Thierry.

C'est précisément par eux que nous apprenons la situation exacte : Les Allemands ont atteint la Marne.

De l'arrière, vient un souffle de bonne humeur et de confiance. C'est bon signe ! C'est le moral de la première Marne qui revient.

Deuxième ordre d'évacuation de la ville

Journée du 1er Juin

Dès la matinée du 1er juin, alors que la bataille fait rage, la Ve Armée lance à nouveau et éperduement des appels de détresse tel un bâtiment qui se perd en mer, transmis à la 134e D. I. par le 1er C. A. C., comme complément à l'ordre 1278 du 30 mai, 10 h. 30. — C'est une idée fixe !

« En raison des événements et pour raccourcir nos lignes, prévoir dès maintenant l'exécution des plans d'évacuation par replis successifs. Face au Nord-Ouest, la résistance se faisant d'abord sur Mont-en-Peine, puis sur Mont-Ferré reliant ainsi le fort de la Pompelle à peu près en ligne droite avec Villedemange, Vrigny et côte 240 ».

Le front de bataille de la ville n'a été modifié qu'au nord-ouest et à l'ouest de la ville, par suite des combats de la veille : cimetière du faubourg de Laon par la lisière est du parc des Trois-Fontaines, boyau du nord couvrant les faubourgs de Laon et de Clairemarais, pont et parc Saint-Charles, le Dépotoir, le ruisseau de la Muire, les premières maisons de la Haubette, les Graviaires, Ormes, Vrigny, la côte 240 et Méry.

L'imagination humaine, cependant féconde, ne saurait décrire la violence et la férocité déployées par l'ennemi dans cette journée du 1er juin et la veille.

L'Empereur allemand est là, tout prêt à faire son entrée dans la ville où réside toute l'histoire de la France immortelle !

Ses divisions portent des coups répétés et précipités.

A l'est, le fort de la Pompelle est le théâtre d'une attaque d'une âpreté inouïe ; là, sera le tombeau des tanks boches.

Saint-Léonard est sur le point de crouler, mais la 134e D. I. tient bon à droite, avec les 65e et 63e d'Infanterie, en couvrant le flanc est de la ville, le nord et l'ouest. A gauche, la résistance de la garnison du fort est sublime. Elle restera dans l'histoire de la grande guerre comme l'une des pages les plus brillantes écrites par les soldats coloniaux. (M. Galli l'a trop bien rapportée pour que j'y revienne.)

Patrouille de tancks sur la ville

L'ennemi, qui escompte un succès complet sur la Pompelle et Saint-Léonard, en y défonçant notre front, oriente sur la route de Neufchâtel, l'une des principales artères de Reims, une patrouille de tanks à 19 heures.

Notre observateur, installé sous le toit de la caserne de Neufchâtel, signale au commandant Tarrade (100ᵉ d'Infanterie), par téléphone : « 4 tanks en marche sur la route de Neufchâtel. »

L'ordre d'alerte aux tanks est lancé avec la demande de barrage.

L'artillerie boche est muette comme une carpe.

De l'observatoire, on voit, en effet, à 300 mètres, nord de la ferme Pierquin, un tank suivi à 200 mètres par trois autres, en file indienne, sur la route de Neufchâtel, masqués par une dépression de terrain.

On distinguait nettement l'infanterie boche massée dans la tranchée avancée, immédiatement au sud de la ferme Pierquin ; les hommes avaient baïonnette au canon et les officiers étaient à genoux sur le parapet. L'attaque attendait pour partir que les tanks aient ouvert la porte.

De nos lignes, nos guetteurs de tranchées ne voient rien, mais perçoivent un mouvement insolite ; notre ligne s'allume.

Au moment où le premier tank arrive à hauteur de la ferme Pierquin, la pièce de 75 anti-tank entre en action (1) ; au troisième coup, elle atteignait l'objectif ; le tank se couvrit de fumée, les Boches rentrèrent dans leurs trous, et les trois autres mastodontes s'arrêtèrent, puis retournèrent par marche arrière, sans tenter de franchir la crête où les attendait le tir de nos canons.

A l'ouest, l'ennemi prononce, de la Muire à la côte 240 et Méry, attaques sur attaques. Le front n'est qu'un brasier. Nulle part le Boche réussit. Sur la ville, il lance de fortes reconnaissances au moment même où il croit, d'une part, que Saint-Léonard et la Pompelle, et, d'autre part, Vrigny, qui forment les deux piliers de Reims dans cette opération que ses assauts ébranlent fortement, il les voit alors, comme dans un mirage, s'écroulant par le pied, mais la racine, cette confiance tenace, tient trop profondément.

L'ennemi s'est suicidé au seuil de la ville.

Le soir, la situation se rétablit sur le front de la 2ᵉ Division Coloniale. Sur celui de la 134ᵉ, le 100ᵉ a repris du terrain au nord du cimetière. Sur celui de la 45ᵉ, les Allemands subissent un gros échec à la ferme Méry.

---

(1) A cette occasion, le canonnier fut même décoré de la médaille militaire.

Journée du 2 Juin

Le 2 juin, le Boche feint ne pas vouloir rester sur l'impression de son sanglant échec de la veille, il.tente, mais sans mordant, d'aborder nos lignes dans la plaine d'Ormes, reliant la ville à la montagne, sa tentative de progression, vivement éventée, malgré les blés qui masquent son mouvement, l'oblige à se replier; rapidement battus par nos tirs de mitrailleuses.

L'opération se termine par une émission de gaz, dont les nappes d'arcine vont noyer toute la zone de défense de Reims.

C'est fini !

Après la bataille...
La confiance renaît !...

C'est alors que les rescapés du « *Confiance* », en détresse au large de Reims, du 30 mai au 1er juin soir, reprennent l'aviron.

Ce 2 juin, le général Micheler, conformément aux instructions reçues du G. Q. G., mande à la Ve Armée :

« Le front, actuellement occupé par l'Armée doit être maintenu à tout prix ; non seulement toute idée de retraite doit être écartée, mais il est essentiel que tous soient persuadés que des offensives partielles et des ripostes immédiates organisées contre un ennemi fatigué et affaibli par sa progression, peuvent seules être fructueuses et enrayer définitivement les progrès. Les dernières actions du Corps Colonial, qui lui ont permis de maintenir l'intégrité de son front, viennent de le prouver. »

« *Par ordre du général en chef, Reims doit être défendue et conservée à tout prix.* »

Il est permis de lire entre les lignes le *mécontentement manifeste du général en chef qui a vu la confiance en dérive au château de Montmort.*

Somme toute, le G. Q. G. n'en a été que pour la *grosse émotion d'avoir frisé de très près le naufrage de nos armées durant ces tragiques nuits et journées.*

L'ordre du major-général Anthoine, du 25 mars 1918, sous le numéro 26.959, n'était-il point déjà un cri d'alarme ?... et un sujet de méditation...

« Au moment où reprend la guerre de mouvement (en rase campagne), les chefs à tous les degrés de la hiérarchie ont à secouer les réflexes qui résultent chez eux d'une longue stabilisation.

» Chacun doit être avec sa troupe, voir de ses yeux, prendre sur place sa décision.

» Il ne s'agit plus d'être au loin rivé à un téléphone.

» Car la troupe vaut ce que le chef vaut, elle rend ce que le chef présent lui demande.

» Le regard de tous sera constamment fixé vers l'avant, jamais vers l'arrière, et quand une troupe en relèvera une autre, ce sera toujours en-dépassant celle-ci, sous forme d'attaque.

» C'est l'éternelle et glorieuse doctrine de l'Infanterie française.

» P. O. Le Major-Général,

» Signé : ANTHOINE. »

Le camouflage de l'ordre de repli au sud de la ville de Reims (1)

Après la lecture de la « Défense et la Victoire de Reims », il est nécessaire pour la manifestation de la vérité historique, de reproduire les principaux passages de ce livre, qui ont fait de l'histoire de « La Défense et de la Victoire de cette Ville » une légende des plus fantaisistes (2).

(1) Divers parlementaires ont connu de l'affaire ; Galli décédé, Abel Ferry tué, et d'autres personnalités : MM. Bertrand de Mun, Seydoux, Louis Marin, Gaston Deschamps, députés.

(2) A noter qu'en avril et juin 1921, la presse consacrait de nombreux articles relatifs au retour de la statue de Jeanne d'Arc de Paris à Reims.

M. P. Antony-Thouret, dans le *Journal des Débats* du 9 avril 1921, faisait déjà une allusion à l'ordre d'abandon de la ville lancé en mai 1918.

D'autre part, M. Maurice Bertrand se préparait à publier des notes de campagne (fort documentées) qu'il dut abandonner faute d'hospitalité dans la Presse très probablement, quoique qu'elles ne présentaient qu'un caractère historique pur.

Par contre on lançait un autre courant d'opinion au

C'est pourquoi j'exprime ici un profond regret devant la disparition de son auteur.

Député et rapporteur de la Commission parlementaire de l'Armée dans cette affaire, M. Galli en savait long ; je me demande alors s'il n'eût pas mieux valu qu'il se soit abstenu d'écrire ces lignes sur cet épineux sujet.

Page 20. — D'autres, moins solidement trempés, auraient hésité, peut-être, lorsque la ville presque isolée semblait condamnée à succomber.

Le général Mazillier ne se laissa ni émouvoir, ni ébranler, il se refusa toujours à évacuer Reims.

Page 57. — Le général Mazillier a recours à tous les moyens pour protéger l'ouest de Reims et les abords immédiats de la Montagne.

Il se rend très clairement compte du but vers lequel tend la manœuvre ennemie, et il est résolu à ne pas laisser tomber la ville et à s'y maintenir le plus longtemps possible.

Pages 74-75. — Le commandant de la Ve Armée vient à peine de prendre possession de son poste, nous avons dit quel est alors l'esprit des Quartiers Généraux de Montmort et d'Avize.

---

même moment pour maquiller la vérité et c'est effectivement le 5 avril 1921, que le fameux livre de feu Galli sortait de l'imprimerie, se présentant naturellement comme un Evangile en raison, je le répète, de la qualité officielle de son auteur.

Mais le général Mazillier, à Tauxières, où il réside depuis plusieurs mois, connaît mieux que personne l'état réel de la ville et aussi la valeur des troupes qui la défendent, sa confiance demeure donc inébranlable.

Il n'abandonnera Reims qu'à la dernière extrémité et seulement s'il reçoit un ordre formel.

Page 76. — Repousser le Boche, ou mourir sur place, tel est l'ordre formel donné aux bataillons.

Pages 85 *et* 86. — Dans le cas où céderaient les piliers ouest et est, la 134ᵉ D. I. doit se retirer au sud de la Veslé. Le général Mazillier rappelle à la garnison comme aux troupes du Corps colonial qu'elles ne doivent jamais battre en retraite d'une semelle sans ordres.

Page 92. — L'importance de la journée du 1ᵉʳ juin a démontré que la ville de Reims n'était pas, comme le croyaient les pessimistes, irrémédiablement condamnée, et que la défense des ruines était possible.

Page 154. — Le général a bien voulu nous expliquer lui-même comment il régla et organisa cette défense ; à l'intérieur, avec la volonté ferme de résister à outrance, et avec la conviction que les Allemands, à moins de réussir à l'encercler et d'empêcher tout ravitaillement en vivres et en munitions, ne s'empareraient pas de Reims.

La question de responsabilité

Après la *Remise au point* qui a fait l'objet de cette réponse au livre de Galli, *il demeure établi pour la postérité que la ténacité, l'initiative et la responsabilité reviennent uniquement aux commandants des divisions en ligne* et à l'opiniâtre résistance de tous les poilus, et non aux Quartiers Généraux d'Armée et de Corps d'Armée qui ont lancé et transmis le malheureux ordre n° 1278 le 30 mai, et en y persistant par un nouvel envoi le 1er juin, qui devait les couvrir l'un et l'autre en cas de catastrophe.

Au point de vue historique pur, il serait curieux de connaître exactement la paternité de l'ordre 1278.

La tournure quasi-officielle du livre de Galli sur ces opérations apportait une certaine autorité à la relation des événements durant la bataille pour la ville de Reims, qu'il a présentée au public en s'appuyant sur une documentation trop légère ou insuffisante, sinon arrangée conformément aux événements.

Au surplus, la minute de l'ordre général 1278 doit reposer dans les cartons de la Section historique de l'Armée.

Vraisemblablement, le commandant de la Ve

Armée avait reçu carte blanche du G. Q. G., et ce dernier, troublé par la mauvaise et inquiétante allure des événements qui se déroulaient vers Château-Thierry, Dormans et même Epernay, quoique ému de la décision pessimiste du commandant de la Ve Armée, n'osa ni la confirmer, ni l'infirmer..., se réservant.... S'il fut un chef bien trempé et qui n'a pas hésité lorsque la ville presque isolée semblait condamnée à succomber, c'est bien le général Petit, *confiant dans le bel esprit de sacrifice des troupes de sa division, qui ne se laissa ni émouvoir, ni ébranler, et qui se refusa toujours à évacuer Reims.* (Actes des 30 mai - 1er juin.)

Imaginons-nous d'abord l'émotion du chef chargé de la défense de la ville de Reims, à la réception de l'ordre de repli, ordonnant qu'à 10 h. 30, le 30 mai, la ligne serait reportée à l'arrière, abandonnant ainsi sans combat plus de la moitié de la ville, *qu'il prend alors sous sa responsabilité de tenir quand même* sur ses positions, *par ce fait de ne pas exécuter un ordre formellement donné à lui* par le 1er C. A. C. (général Mazillier), au nom de la Ve Armée.

Représentons-nous alors les conséquences de cette responsabilité.

Relisons cet ordre général qui n'ordonnait pas précisément à la lettre l'abandon de Reims, quoi qu'il fût conçu en des termes *tels* qu'il en était l'esprit même.

Il se dégage nettement, d'une part, par suite de l'ambiguïté de l'ordre reçu, que le général Petit aurait été tenu comme seul responsable en n'ayant pas fait exécuter le repli de ses troupes assez à temps, si une catastrophe se fût produite : *sa division prisonnière.* D'autre part, s'il l'eût exécuté, tout le front de l'armée en aurait supporté un tel contre-coup que le commandement lui aurait à coup sûr reproché une interprétation exagérée des ordres donnés. Je n'en veux que pour preuve le travestissement de la vérité sur cette affaire, puisque quelques jours après, le G. Q. G., qui s'était ressaisi, soutenait que Reims place-forte devait être défendue à tout prix, et que durant les journées du 30 mai et du 1er juin le commandant de la Ve Armée, je le répète, reposait son ordre de repli sur ces deux principes :

1o Plutôt sauver une division encore fraîche que sauver des ruines ne présentant qu'un intérêt moral.

2o Raccourcir le front et détruire un saillant propice à une attaque ennemie.

L'annexe du plan de défense de Reims, daté du 7 juillet demeure comme l'aveu de l'erreur des 30 mai et 1er juin, et se présente comme un retour au sens logique des choses.

Annexe dn plan de défense

Zone défensive de la Montagne de Reims 6

Plan de défense. — Pièce I. A. du 9 avril 1918.
N° 11.022 S. T. — Annule le N° 9.586 S. T.

Mission de la zone de défense

7 juillet 1918.

1° La mission du C. A. est de défendre à tout prix le territoire entier qu'il occupe, et de reprendre par des contre-attaques ou des contre-offensives immédiates le terrain qu'il aurait pu perdre.

La ville de Reims, en particulier, doit être défendue et conservée à tout prix.

Une grande importance morale s'y attache. Cette mission n'implique pas en principe une grande densité d'occupation de la première position, de façon à soustraire ainsi le plus possible de forces aux engins de tranchées, des minenwerfer et des projectors.

Les troupes de soutien, placées sur la position intermédiaire achèveront de briser l'attaque et pourront aider aux contre-attaques pour la reprise des positions perdues de la première position.

Les réserves de division formeront barrage sur la deuxième position et pourront être employées aux contre-attaques en partant de cette position.

Cette mission conduit à adopter un dispositif échelonné par lignes successives.

Sur chaque ligne, la défense est continue, les groupes de combat bien reliés entre eux pour barrer et arrêter les infiltrations de l'ennemi. (Note 1798 du 2 juillet 1918, du G. Q. G.)

2° Les troupes d'occupation reçoivent l'attaque dans le dispositif ainsi fixé, sur la première position ; les groupes de combat des troupes de garde, en liaison continue, résistent sur la place jusqu'à l'abordage, sans retourner leur regard vers l'arrière. Sur les positions, en arrière, les troupes font de même ou contre-attaquent, suivant les circonstances et suivant leur mission particulière. *Nulle part on ne se replie.*

3° Si, devant une autre attaque à fond, une partie des premières positions est submergée le commandement compte néanmoins sur trois régions d'arrêt et trois réduits pour dissocier et commencer à briser l'attaque ennemie.

a) Le bled de Reims ;

b) Le réduit englobant la côte 240, et la chapelle Saint-Lie ;

c) Le fort de la Pompelle.

. Ces régions d'arrêt recevront un maximum d'organisation mis au service d'une densité plus forte de troupes. Elles constitueront les points

d'appui qui permettront aux réserves de se rétablir sur la première position.

*Mêmes enveloppées elles doivent tenir comme
places-fortes,* comme *La Pompelle* a tenu déjà
trois fois, tenir jusqu'à ce qu'elles puissent être
délivrées par la contre-attaque.

*Le Général Mazillier, Commandant le 1ᵉʳ C. A. C.
et la Défense de la Montagne de Reims,*
Signé : MAZILLIER.

. . . .

Le 28 juin, M. Clemenceau venait faire person-
nellement une enquête sur place, quoique la
question de l'évacuation de Reims ne fût posée
devant lui par le haut commandement, il ne man-
qua pas de faire part de sa satisfaction au défenseur et au gardien de la résidence de la France
immortelle, pour sa confiance et sa ténacité, et le
commandant de la Vᵉ Armée, passant la main,
allait alors prendre le large en direction du sud
pour s'y échouer.

Il n'est que justice de rendre au général Petit,
tenu astucieusement comme le seul officier général responsable du maintien ou non à Reims, la
part de reconnaissance que lui doit le pays, puisque c'est par son inébranlable confiance et par
sa seule décision qu'il a sauvé la ville et qu'il a
vaincu l'ennemi à ses portes, avec sa division,
empêchant aux armées allemandes de faire leur
liaison du 30 mai au 2 juin, ainsi que le 18 juin,

permettant ainsi au général Gouraud, aux monts de Champagne, son habile manœuvre du 14 juillet, qui allait annoncer l'aurore de la paix, tandis que le 18 du même mois les généraux Mangin et Degoutte contre-attaquaient et gagnaient la deuxième bataille de la Marne en défonçant la fameuse poche créée par suite de la résistance de Reims.

On peut même ajouter sans crainte de démenti que, par son attitude, il empêcha la perte de Châlons, Verdun et Nancy, en ces journées de panique quasi générale.

L'ennemi ayant perdu l'initiative des opérations perdait ainsi virtuellement la guerre en ce beau mois de juillet 1918.

« La victoire ne va qu'à celui qui la mérite », a dit le maréchal Foch, pour la mériter il faut d'abord avoir confiance en soi-même pour la communiquer aux autres, elle doit être à un niveau égal tant chez le chef qui commande que chez l'exécutant.

Chacun sait toute la sollicitude que nos grands chefs portaient à la question.

Il n'est pas douteux que, si le général Pétain avait été renseigné comme il eût pu l'être dès janvier 1917, sur les événements qui allaient se produire, il eût certainement paré à la tragédie des sinistres mois de mai à juillet 1917. Là encore était une question de confiance...

La vérité, dans tous les cas, si tardivement

qu'elle se révèle, apporte à l'histoire une lumineuse clarté.

Celui qui prendra la charge de l'écrire devra songer avant tout qu'un papier détruit par le feu peut laisser pour toujours des *cendres qui brûlent* (1).

La 134ᵉ Division, renforcée par les 52ᵉ, 103ᵉ et 45ᵉ B. T. S., après les brillantes opérations de fin mai au 2 juin, et celle du 18 juin, où elle brisait à nouveau l'attaque allemande sur tout le périmètre de la place — attaque puissamment préparée, dépassant en violence et en moyens tout ce qui avait été vu à Verdun (c'est surtout la rue de Venise qui fut la plus éprouvée par les 420) — reprenait, par ses propres moyens, l'offensive au nord de Reims, reportant ses avant-postes sur la ligne Bétheny - La Neuvilette. Reims était décongestionnée !

(1) La publication des « Mémoires d'un Mulot » apportera des révélations sensationnelles sur certains événements qui furent le prélude des mutineries de 1917. La relation d'un internement arbitraire (crime sans précédent) jettera un peu de lumière sur cette ténébreuse époque...

Documents

Livres et Journaux, Opinions et Critiques

M. Louis Madelin, dans la « Bataille de France », nous dit bien que l'attaque sur Reims fut brisée dès le premier jour par nous, quoique l'ordre du commandement allemand fût lancé de nous l'arracher coûte que coûte ; que l'Armée Micheler ne céda point, mais l'éminent historien ignore précisément la cause qui fit que la Vᵉ Armée ne céda point.

Le général Mangin, dans « Les Hommes et les Faits », page 144, dit que Ludendorff commit la faute de prolonger son avance jusqu'à la Marne, avant d'avoir fait tomber Reims et le centre de résistance établi de Soissons ; que ces deux piliers continuant à tenir bon, et que l'avance allemande se trouvait avoir une base trop étroite pour sa profondeur.

Page 146, après une allusion aux « Souvenirs de Guerre de Ludendorff », le général Mangin ajoute que *Ludendorff va attaquer en Champa-*

*gne de part et d'autre de Reims qui tombera
enfin. L'attaque principale sera exécutée en direction de Châlons, pendant qu'une armée fran-
chira la Marne et s'avancera vers Epernay, où
elle rejoindra l'attaque principale.* La faute que
signale le général Mangin, de Ludendorff prolongeant son avance en dépit de la résistance de
Reims, il l'a commise en effet parce que Reims
n'est point tombé selon ses prévisions, comme il
l'avoue lui-même dans ses mémoires, et avec mé-
lancolie, ainsi que le relève le général Buat.

« Stratégiquement, il était bien fâcheux que
nous n'ayons pu prendre ni Reims, ni la Montagne du même nom, nous heurtant à une défense
formidable de plusieurs divisions. »

Il est parfaitement établi que l'Etat-Major allemand considérait que la prise de Reims lui ouvri-
rait un immense horizon pour la victoire de l'Em-
pire d'Allemagne.

Pour mesurer toute la portée de l'acte du général Petit, commandant la place de Reims, en
n'obéissant pas à l'ordre 1278, qui eût été désas-
treux pour nos armées, s'il avait été exécuté, arrê-
tons-nous quelques instants et méditons d'autres
instants en songeant que nous aurions fait le jeu
de l'ennemi en lui abandonnant Reims (tant con-
voité par lui), comme un cadeau sans combat.

En jetant un coup d'œil sur la carte, impré-
gnons-nous un tant soit peu de l'idée du frisson
qui passa sur le chef et ses soldats qui se bat-

taient autour de Reims presque investie, puisqu'elle ne disposait plus que d'une étroite coulée
au sud, pour se ravitailler et s'alimenter.

« Le lancement du 1278 » ne peut s'expliquer
que politiquement, dans l'hypothèse de l'abandon effectif de la place de Reims, le G. Q. G. aurait
pu dire que notre repli était délibéré et voulu et
non le résultat d'une attaque qui aurait exalté
aux yeux des neutres le rôle de l'Allemagne em-
portant de vive force la forteresse de Reims, par
contre, quel coup (1) aurait été porté au cœur de
la France. »

La *Badische Landes Zeitung*, par la plume de
Rudolph Herzog, écrivait trop prématurément :
« Les cloches ne sonneront plus dans la basilique aux deux tours. Finie la bénédiction. Nous
avons fermé à Reims, avec du plomb, la boutique
d'idolâtrie. »

Le *Berliner Tagblatt*, par celle du général Von
Bardenne, critique militaire, annonçait de son
côté que l'investissement de Reims se poursui-
vait et que bientôt il deviendra une réalité. »

La *Vossiche Zeitung* et la *Nordeutsche Allge-
meine Zeitung* attaquaient violemment et stupidement le général chargé de la défense de la ville
qu'ils accusaient de livrer à la boucherie de nombreuses divisions par pure gloriole, en se cram-
ponnant à ce coin de terre « qui n'a aucune

____

(1) Clemenceau à la tribune de la Chambre des députés.

valeur tactique et stratégique », mais que les éléments de ses divisions sont en partie des troupes de couleur dont le commandement français n'est pas ménagé.

Le 16 août 1918, M. Canudo adressait au commandant Moulin, le chef de la section d'information du G. Q. G., deux articles où il faisait à la presse allemande une spirituelle réponse dans les défenseurs de Reims, où il baptisait la 134ᵉ Division « la Rémoise et le Visage de Reims ».

*
* *

IVᵉ ARMÉE

—

Etat-Major

—

1ᵉʳ Bureau

—

Nᵒ 7821/1

Q. G., le 24 Avril 1918.

> *Le général commandant le IVᵉ Corps d'Armée, à Monsieur le Général commandant la 134ᵉ D. I., sous-couvert de Monsieur le Général commandant le 1ᵉʳ C. A. C.*

J'ai l'honneur d'attirer toute votre attention sur la gravité des actes de pillage commis par des militaires à Reims, et sur la nécessité d'y apporter une prompte et impitoyable répression.

Il m'avait été rendu compte que les mesures prises avaient eu pour conséquence de modifier cet état de choses, et que les faits de cette nature étaient devenus l'exception.

La lecture des procès-verbaux, dont je vous adresse ci-joint copie, vous permettra de vous assurer que la situation de Reims, à ce point de vue, est loin de s'être améliorée, et que les actes de pillage semblent se multiplier.

En vous signalant à nouveau l'urgence qu'il y a à prendre les mesures les plus rigoureuses pour enrayer ces actes, dont la gravité ne peut vous échapper, je vous prie de vouloir bien me faire connaître la suite qui a été donnée aux procès-verbaux ci-joints.

Je vous rappelle, en outre, que l'article 156 du Code de justice militaire vous permet de traduire en Conseil de guerre, directement et sans instruction préalable, tous les hommes pour lesquels vous estimez qu'une répression rapide est indispensable, particulièrement en cas de flagrant délit.

Cette manière de procéder paraît tout particulièrement indiquée dans le cas présent.

GOURAUD.

Transmis à M. le Général commandant la 134ᵉ D. I., pour exécution.

Q. G., le 26 avril 1918.

Le Général Mazillier,
Commandant le 1ᵉʳ C. A. Colonial,
MAZILLIER.

En conscience, sont bien rares, comme le dit M. Noilhac, l'historiographe du 63ᵉ d'Infanterie, les combattants qui n'ont bu du vin de champagne. La lettre du général Gourand au commandant de la 134e Division est une preuve de l'investiture de cet officier général comme commandant de la place de Reims, qui était responsable au point de vue discipline au même titre qu'il était de la défense de sa place.

Le commandement usa de tous les moyens pour réduire au minimum les actes de pillages.

De graves sanctions furent prises contre certains auteurs de ces actes. Au cours des grandes batailles livrées par les Allemands, si le pillage a repris de l'extension, personne de bonne foi ne saurait prétendre qu'il fût commis par les combattants des divisions de ligne. Nul n'ignore d'ailleurs que nos poilus ne disposaient comme moyen de transport que de leur havre-sac et, par conséquent, ils n'auraient certes, pu emporter armoires à glaces, pianos ou mobiliers quelconque !...

Par contre, au cours des grandes crises, la surveillance des mouvements de l'arrière à l'avant et retour devenait incontrôlable, en ce qui concerne les véhicules à moteur des services de l'arrière.

Allocution de M. le Général Petit
prononcée sur la place du Parvis à Reims

Officiers, sous-officiers, caporaux et soldats du 100ᵉ Régiment d'Infanterie,

Vous voir réunis en cette époque du pure gloire
de la Patrie, au centre de cette cité qui fut le
cœur de la vieille France, sur le théâtre même de
vos exploits les plus fameux, quelle apothéose !

Après les durs combats de la Vesle et de
l'Aisne, après Vouziers et l'Argonne, après la victoire, vous voilà revenus avec votre glorieux em-
blème en loques au pied des ruines de l'antique
basilique qui, une longue année, présida à vos
âpres luttes.

Les barbares se sont acharnés sur les pierres
augustes qui elles-mêmes recélaient le Temps,
comme s'ils avaient le pouvoir de détruire l'Histoire. Dans les flammes des incendies, sous les
coups de leurs obus monstrueux, ils ont pu cal-
ciner les statues, les décapiter, fondre le plomb
des verrières, ces ruines conservent la vision de
tout ce qu'elles ont contemplé :

Les sacres des rois de France ;

La sublime figure de Jeanne d'Arc.

Le brasier immense et empoisonné ;

Vous autres, enfin, soldats de la IIIᵉ République, qui les avez maintenues inviolées de la souillure allemande.

Dans l'avenir des siècles, elles continueront à contempler les tertres de tous vos morts, ceux de Bétheny, des cavaliers de Courcy, de la Neuvilette, des Trois-Fontaines, de Courcelles.

Gloire à toi, grande cité mutilée.

Gloire à nos morts qui te font une ceinture de tombes humbles et pareilles.

Gloire à ceux qui t'ont fait un rempart de leurs poitrines, à vous soldats survivants des boues glacées du secteur de Reims, défenseurs intrépides des faubourgs.

Mes yeux vous voient dans ces lugubles journées de mai et de juin, au milieu des écroulements des incendies d'avril, au centre du cercle de feu qui se rétrécissait sans relâche sur les hauteurs qui font à Reims sa couronne de beauté.

Vous m'aviez juré que l'ennemi ne pénétrerait pas : il n'est pas passé. Bien mieux, quand, aux sombres jours succédèrent les lumineuses aubes de l'espérance, d'un élan farouche, continu, vous avez brisé l'étreinte dévastatrice, vous avez repris les rives de la Vesle, le canal, la Neuvilette, le camp d'aviation : Reims était pantelante, mais elle était sauvée.

A vous qui n'avez jamais désespéré, qui avez assisté la rage au cœur à l'imbécile dévastation, à vous qui avez vaincu, à vous soldats du droit et de la justice, il reste un devoir : soyez bons, soyez fraternels pour l'énergique population qui revient relever ses foyers détruits ; donnez-lui votre aide, vous qui avez tout vu, tout supporté et tout surmonté.

Qu'elle sache bien qu'à ces ruines sur lesquelles elle pleure, vous êtes attachés par toutes les fibres de votre cœur, puisqu'elles sont pour vous le symbole de votre ténacité et les gardiennes des sépulcres de nos morts que nous lui confions.

PETIT.

25 décembre 1918.

Fragment de lettre
Retour au Repos

Courcelles-Saint-Brice

. . . .

Il pleuvait, l'eau coulait à torrent, la boue était lourde, le vent cinglait et mugissait, la nuit était remplie de ténèbres et de misère. L'essentiel, quant à nous, fut que nous nous abritâmes, et donc : Halte !... Le pataugeage alors s'arrêta. Là, c'est un vieux village en ruines d'âge et de guerre.

L'intempérie persistante m'obligea à m'arrêter à l'entrée d'une bicoque démolie, près de l'Eglise qui perce de ses pans l'épaisseur des ténèbres. J'ai dû descendre dans un espèce de caveau aménagé contre le bombardement. Impression troublante : la cave donne l'aspect d'une vraie morgue, dans laquelle des litières en forme de bières sont alignées ; deux antiques flambeaux (mobilier de l'église voisine) jettent dans cette morgue des lueurs à peine osées, qui troublent vaguement l'obscurité. On devine plusieurs corps et des visages camouflés par des couver-tures et des sacs à terre ; le vent souffle avec fureur, agitant l'a toile qui bouche l'ouverture du caveau, l'eau coule par l'escalier, à flots, comme d'une cascade, ô misère...

On sifle chacun son quart de pinard, puis, enroulés de vêtements imprégnés de pluie et maquillés de boue, allongés sur la couchette, quoique l'eau qui filtre à travers la voûte augmente le mal, on dort d'un sommeil de brute jusqu'à l'aube glaciale où chacun tout roidi s'éveille, le visage découvert, les cheveux figés, les yeux hagards, la face glabre. Rien n'est plus triste et aussi funèbre lorsqu'au matin les « morts vivants » de ces sépulcrales demeures s'agitent...

* *
*

Le docteur Langlet, maire de Reims pendant la guerre, dans une superbe lettre qu'il écrivait au lendemain de la paix, rendait un magnifique hommage « aux défenseurs de la Cité et à tous ceux dont on ne cite pas les noms et dont on ne sait pas les noms, qui sont restés jusqu'au bout

groupés autour de leurs foyers aujourd'hui dis-
parus. Honneur à Eux, honneur à vous. Ces
foyers, ceux qui restent pourront les reconstruire
grâce à la Paix qui, comme le soleil après l'hiver,
se lève enfin sur le monde en ruines ! »

Il est certain que le brave maire de Reims
fut de ceux qui crurent à une Paix bienfaitrice,
rendant les hommes meilleurs...

Les grands hommes de la Guerre ont gagné la
Victoire, mais les événements nous apprennent
chaque jour, un peu plus, ce que valent les
traités...

L'instabilité des gouvernements de tous les
Etats m'apparaît hélas ! non pas comme le soleil
se levant après l'hiver sur le monde en ruines,
mais comme un brouillard intense qui envahit
la France ruinée. C'est encore notre confiance en
Elle qui la sauvera.

Roger ALLÈNE.

TABLE DES MATIÈRES

ALENÇON. — IMPRIMERIE CORBIÈRE ET JUGAIN.